Britta Hager

Ich, Manfred Meerschwein -

Eine schweinmäßige Geschichte mit Tipps

für Meerschweinchenfreunde

Buch

Meerschweinbock Manfred hat ein ereignisreiches Leben, das er im Plauderton schildert. Natürlich wundert er sich dabei auch so manches Mal über Verhaltensweisen seines Zweibeiners, den er selbstverständlich als Teil seines Rudels betrachtet. Im Grunde ist Manfred ganz zufrieden mit seinem Menschen, doch gibt es natürlich auch Kritikpunkte...

Dieses Buch soll auf amüsante Weise Tipps und Tricks zur artgerechten Haltung weitergeben, wobei die Welt durch Meerschweinaugen betrachtet wird.

Ein "Nachschlagewerk" zur artgerechten Haltung von Meerschweinchen findet sich im zweiten Teil des Buches.

Autorin

Britta Hager, geboren 1967, lebt in Frankfurt am Main. Sie konnte nicht nur privat das Verhalten von Meerschweinchen jahrelang beobachten, sondern hatte auch die Gelegenheit, durch Kontakte zu privaten und offiziellen Tierheimen, Pflege- und Vermittlungsstationen sowie Züchtern Wissen über die artgerechte Haltung von Meerschweinchen zu sammeln.

Britta Hager

Ich Manfred Meerschwein

Eine schweinemäßige Geschichte
mit Tipps für Meerschweinchenfreunde

ISBN 9783738611267

Copyright

© Alle Rechte liegen bei der Autorin.
ISBN 9783738611267

Herstellung und Verlag
Books on Demand Norderstedt

Fotos
Britta Hager. Es ist nicht erlaubt, die Fotos ohne schriftliche Genehmigung der Fotografin zu kopieren oder zu verwenden. Weitere Fotos entstammen der der Homepage von Pixabay. Vielen Dank.

Illustrationen
Cara Lindberg

Umschlagsillustration
Cara Lindberg

Umschlaggestaltung und Layout
Cathrin Geissler

Bibliografische Information der Deutschen Nationalbibliothek Die Deutsche Nationalbibliothek verzeichnet diese Publikation in der Deutschen Nationalbibliografie; detaillierte bibliografische Daten sind im Internet über www.dnb.de abrufbar.

Frankfurt am Main, 2015

Inhalt

Buch	2
Autorin	2
Copyright	4
Einführung	7
Ein Wasserrohrbruch mit Folgen	8
Der Mensch ist unberechenbar	15
Manfred	23
Herzklopfen und andere Aufregungen	29
Es muss nicht immer Wirbel sein	33
Des Meerschweins Gaudium	41
Ein Tag voller Überraschungen	50
Ein Kommunikationsgenie wird aktiv	56
So ein Umzug, der ist lustig!	61
Das Abenteuer geht weiter	71
Peppina verabschiedet sich	75
1 = 3	80
Mäusejagd	89
Nachwort	94
Teil II	96
Daten, Tipps und Anregungen	96

Allgemeines	96
Meerschweinchen (Caviidae)	105
Daten	106
Anatomie	108
Ernährung	111
Zwangsernährung	124
Käfigausstattung / Beschäftigung	125
Verständigung	130
Woher bekomme ich Meerschweinchen?	132
Eingewöhnung	134
Zusammenführung von Meerschweinchen	135
Pflege	137
Krankheiten	140
Die Wahl des Veterinärs	143
Nachwuchs	144
Kastration	148
Nachwort	150

Einführung

Guten Tag. Mein Name ist Manfred, gerufen werde ich meistens Manni oder Fredi. Manfred nur, wenn ich etwas angestellt habe. Ich bin ein waschechtes Cavia aperea porcellus, besser bekannt als Hausmeerschweinchen. Mein Mensch behauptet regelmäßig, ich sei das „coolste Meerschwein der Welt". Ich persönlich halte mich schlicht und ergreifend für einen Superbock, schließlich bin ich Rudelführer von Beruf, in Glanzzeiten sogar Herr über fünf Weiber! Zu meinem derzeitigen Rudel gehören drei prachtvolle Damen: Zerlina, Merlin und Britta. Die Letztgenannte ist mein Mensch, dessen Erziehung mir am meisten Spaß macht, weil sie so gut funktioniert.

Glücklicherweise erleide ich nicht das Schicksal vieler Verwandter, die allein und einsam ihr Leben fristen müssen.

Meerschweinchen fühlen sich nun mal nur in Gesellschaft von Artgenossen richtig wohl und ich bin da keine Ausnahme. Obwohl ich in meinem langen Leben (ich habe vor kurzem meinen sechsten Geburtstag gefeiert) nicht immer für den gleichen Zweibeiner zuständig war, hatte ich doch das Glück, dass ich immer einen Homo Sapiens erwischte, der sich einsichtig zeigte und mich in einem Rudel Meerschweinchen unterbrachte. Aber nun mal langsam, ich will der Reihe nach erzählen.

Ein Wasserrohrbruch mit Folgen

Ich muss zugeben, dass ich mich kaum noch daran erinnere, da es schon so lange her ist. Doch weiß ich noch genau, dass es ein eiskalter Februartag war, an dem ich zum ersten Mal die Welt mit meiner Anwesenheit beglückte. So viel ist klar: Von Anfang an war ich ein echter Glückspilz. Eigentlich hätte ich nämlich in einem Tierheim geboren werden sollen. Aber es kam ganz anders, und seitdem glaube ich an göttliche Fügung, wie mein Mensch es ausdrückt. In den Erzählungen darüber ist die Rede von einem Wasserschaden – was ich mir gut vorstellen kann, denn ich halte Wasser in größeren Mengen grundsätzlich für schädlich. Irgendein Rohr war gebrochen und sorgte dafür, dass alle Bewohner umquartiert werden mussten. Schließlich sitzt niemand gern im Nassen, oder?

Katharina und Stefan, die beiden Tierheimleute, packten kurz entschlossen meine hochträchtige Mama ein und nahmen sie mit zu sich in ihre private Höhle. Menschen leben unbegreiflicherweise in sehr hohen und weitläufigen Höhlen, die von ihnen Wohnungen genannt werden. Warum sie das tun, habe ich nie verstanden, denn in eine solche „Wohnung" kann jeder Feind ganz schnell eindringen. Unsere kleinen, kuscheligen Höhlen sind da viel sicherer. Manchmal glaube ich, dass Menschen nicht so richtig über das nachdenken, was sie tun.

 Am allerliebsten mag ich übrigens Versteckmöglichkeiten aus Holz oder Kork, weil ich an denen auch gleich nagen kann und mir damit nicht langweilig wird. Häuser aus Plastik finde ich dagegen überhaupt nicht toll, weil die ganz komisch schmecken und wir hin und wieder sogar Bauchschmerzen davon bekommen. Außerdem wird es in denen im Sommer manchmal fürchterlich heiß.

He, Leute, dabei gibt es da doch einen echten Knüller: Kuschelrollen, Säcke und Hängematten aus Fleece, extra für Nager. Gibt's bei Iehbäj oder wie der Internetladen heißt.

OK, Ihr habt Recht, ich schweife ab! Also nochmals zurück:

Natürlich haben Katharina und Stefan nicht nur unsere Mutter umquartiert, denn mein Bruder und ich waren bequem in ihrer Gebärmutter untergebracht und deswegen selbstverständlich mit von der Partie. So war für uns Buben die Welt eigentlich in Ordnung und wir haben von dem Ereignis gar nicht viel mitbekommen.

Stressig wurde es für uns erst in den frühen Morgenstunden des besagten Februartages. Urplötzlich kam es zu Turbulenzen, die Wände unserer urgemütlichen Behausung zogen sich zusammen und wir wurden gestoßen und getreten – so fühlte es sich zumindest an. Wir wehrten uns eine ganze Weile und pressten unsere Beinchen entschlossen gegen die Wände, die unbegreiflicherweise keinen Halt mehr boten. Leider erfolglos! Ziemlich entkräftet konnten wir dem Sog nicht mehr standhalten, rutschten ins Helle und landeten wider Erwarten sanft im Stroh.

Mein Bruder und ich waren geboren – und wurden mit einem lauten: „Stefan, guck mal, der ist behindert!" begrüßt. Ich wusste gar nicht, wie mir geschah, da wurde ich bereits von unbefellten Händen hochgehoben: „Quatsch, das ist doch nur die Plazenta, die noch an den Beinen klebt!"

Aha, offensichtlich hielt mich irgendjemand für behindert! Wieso das denn? Stefan tupfte und rieb meine Beine mit einem Handtuch ab. Wow, das war ein tolles Gefühl! Ich hopste von den Geburtsresten befreit umgehend zurück ins Stroh. Gott sei Dank, hatte schon 'nen Schreck bekommen!

Nachdem sowohl mein Bruder als auch ich aus der menschlichen Willkommensuntersuchung entlassen waren, erhielten wir Namen. Mich nannten sie damals „Murdock", bei meinem Bruder entschieden sie sich für „Faceman".

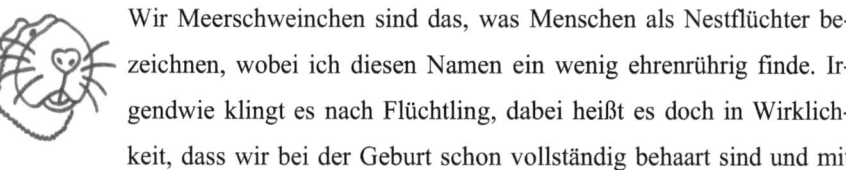

Wir Meerschweinchen sind das, was Menschen als Nestflüchter bezeichnen, wobei ich diesen Namen ein wenig ehrenrührig finde. Irgendwie klingt es nach Flüchtling, dabei heißt es doch in Wirklichkeit, dass wir bei der Geburt schon vollständig behaart sind und mit offenen Augen in die Welt schauen. Wir können sofort laufen (wenn auch in den ersten Stunden etwas wackelig, aber auf jeden Fall viel besser als Menschenkinder!)

und fressen sogar schon alles mit, was unsere Verwandtschaft uns als essbar zeigt. Was wir nicht in frühester Kindheit kennenlernen, fressen wir später als Erwachsene auch nur selten. Eine der Ausnahmen ist der leckere Löwenzahn, denn bei dem kann kein richtiges Meerschwein widerstehen – egal, wann es ihn zum ersten Mal probiert!

Katharina und Stefan legten deshalb auch besonderen Wert darauf, dass wir während unserer Kindheit viele verschiedene Frischfuttersorten probieren durften.
Natürlich trinken wir in den ersten drei bis vier Wochen in erster Linie Muttermilch, aber, wie gesagt, in Miniportionen fressen wir bereits in den ersten Stunden nach der Geburt auch Grünfutter und Heu.
Faceman und ich wunderten uns zwar hin und wieder, warum sich Menschen um uns kümmerten, doch stellten sich die beiden Zweibeiner gar nicht so dumm dabei an, weshalb wir uns nicht weiter beschwerten. Doch eigentlich hätten wir von unserer leiblichen Mutter erwartet, dass sie uns sauber leckt und beruhigt. Den Grund für dieses Arrangement erfuhren wir erst später, sie war bei unserer Geburt gestorben und deshalb nicht mehr für uns da.

 Wären wir in einer größeren Herde zur Welt gekommen, dann hätten sich andere Mütter um uns gekümmert, denn der Nachwuchs wird im Normalfall von der kompletten Herde aufgezogen. Jede Meerschweinmutter säugt ausnahmslos jedes gesunde Baby der Gruppe. Wer gerade Durst oder Hunger hat, sucht sich einfach eine Zitze und bedient sich. Das ist sehr praktisch, denn man sitzt halt nicht immer direkt neben der eigenen Mama, wenn es im Magen kneift.
So gesehen war es in unserem Fall eigentlich gar nicht so viel anders, auch wenn es sich bei unserem Rudel nicht um Artgenossen handelte. Die Chefs waren Katharina und Stefan, die uns in Ermangelung von Muttermilch mit Katzenaufzuchtmilch aus der Spritze versorgten. (Dass es solche Spritzen auch mit einer fürchterlich spitzen Nadel vorne dran gibt, haben wir erst später schmerzhaft rausgefunden. Zum Füttern

verzichten die Menschen zum Glück auf so eine Nadel.) Alle zwei Stunden, auch nachts, haben sie uns versorgt. Am Service gab es also nichts zu meckern!

Dann gehörte noch Luna, eine quirlige Malteserdame, zu unserem Rudel. Sie putzte uns ständig und wir durften an ihren Bauch gekuschelt liegen, das war wunderbar warm und weich und viel natürlicher, als wenn wir auf einer Wärmflasche hätten schlafen müssen.

Je älter wir wurden, desto mehr lernten wir die Gesellschaft der fünf Katzen zu schätzen, die auch zu unserer Bande gehörten. Mit denen konnte man pausenlos durch die Gegend rennen und hüpfen. Chinchillas und Hasen gab es auch, aber die waren nicht so lustig. Falls Ihr irgendwo gehört habt, wir würden glücklich mit so einem zusammen leben, lasst Euch da bloß nichts erzählen.

Wir Meerschweinchen sprechen einfach nicht die gleiche Sprache wie Kaninchen. In der Regel tun wir uns nichts, aber das ist auch schon alles! Wer unsereins also unbedingt mit den Langohren zusammensperren will, der sollte das nur tun, wenn mehrere Kaninchen mit mehreren Meerschweinchen zusammenleben können und ein entsprechend großes Gehege zur Verfügung steht. Vor allem brauchen wir anständige Rückzugsmöglichkeiten, in die uns kein Kaninchen folgen kann.

Aber zurück zum Thema.

Wann immer mich meine Menschen-Ziehmutter fürsorglich in einen Frottewaschhandschuh steckte und dann auf ihren Arm nahm, damit ich bei der Fütterung warm und bequem saß, quiekte ich vor lauter Begeisterung in den höchsten Tönen. Wahrscheinlich hatte die gute Seele Angst, ich könnte durch ihre glatte Hand rutschen und den Sturz nicht überleben. Menschen sind diesbezüglich wirklich arm dran, sie haben kein Fell und behelfen sich notdürftig mit Stofffetzen - damit sie nicht frieren, glaube ich. Aber für die Hände und ihr Gesicht haben sie bislang keine Lösung gefunden. Wie auch immer, ich fühlte mich in meinem Frottesack pudelwohl und geborgen.

Ein wenig lästig war die unangebrachte Eile, die Katharina bei der nächtlichen Fütterungssession an den Tag, bzw. die Nacht legte. Kaum war ich mit dem Trinken fertig, hatte sie unverständlicherweise bereits keine Lust mehr, mit mir zu schmusen oder mich zu unterhalten. Ruckzuck wurde ich aus meinem Waschlappen zurück in meine Kiste befördert. Unerhört, dabei habe ich gerade nachts einen ungeheuren Unterhaltungsbedarf!

Doch bin ich ja nicht blöd und habe das System rasch durchschaut: Hastiges Fressen bedeutet, schnell wieder im Käfig zu sitzen. Also habe ich mich am Riemen gerissen und so getan, als sei ich gar nicht hungrig. Mal ein bisschen an der Spritze genuckelt, wieder zurückgehalten und immer wieder meine Nase in die Luft gehoben und mich dabei in Ruhe umgesehen. War ja auch sehr interessant aus dieser Perspektive. Wann sieht man die Welt schon mal von oben? Außerdem hatte die Verzögerungstaktik den gewünschten Nebeneffekt, dass meine Pflegemama lange bei mir saß und mich unterhielt, bis die Spritze leer war. Mein Bruder hat das System nie kapiert. Er war immer so gierig, dass er sich einfach nicht beherrschen wollte – und so saß er jedes Mal nach kürzester Zeit wieder allein im Stroh. Bin halt eindeutig der Intelligentere von uns beiden!

Faceman und ich sind ziemlich schnell gewachsen und hatten viele lustige Einfälle, wie wir unsere Crew beschäftigen konnten. Über die Details will ich an dieser Stelle den Mantel des Vergessens decken, aber wir waren ein echt tolles Team!

Oder nein! - eine Geschichte muss ich unbedingt erzählen. Das war ein Zwischenfall mit Highway, dem Kater mit krimineller Laufbahn. Eines Nachmittags tollten und hüpften wir herum (bis wir Meerschweinchen ausgewachsen sind, hüpfen wir sehr gerne und animieren damit auch ältere Artgenossen).

Highway tat so, als würde er mit uns spielen wollen. Scheinheilig duckte er sich und wedelte mit seinem Schwanz. „Aha", dachte ich mir, „er duckt sich, damit ich auf Augenhöhe mit ihm toben kann."

Wäre nie auf die Idee gekommen, dass der niederträchtige Kerl ganz andere Pläne hatte! Ich lief ihm freudig entgegen – aua, das waren Schmerzen! Mir wurde schwarz vor Augen, ich schrie wie am Spieß und rannte um mein Leben, aber es kam mir niemand zur Hilfe. Ganz alleine musste ich bis zum Abend ausharren. Erst dann wurde meine üble Wunde versorgt.

Man konnte mein Blut überall auf der frisch getünchten Wand verspritzt sehen, aber ehrlich, Leute, das war mir so was von egal, auch wenn Katharina und Stefan es nicht so entspannt sahen. Selbst Schuld, die hätten den Meuchelmörder auch wegsperren können!

Aber weil ich eine hessische Frohnatur bin, habe ich Highway später verziehen, obwohl ich zunächst richtig Respekt hatte. Wenn ich ihn heute hin und wieder besuche, lecke ich ihm sogar über die Nase… natürlich nur mit dem schützenden Käfiggitter dazwischen, schließlich bin ich lernfähig.

In diesem Zusammenhang möchte ich mit einem hartnäckigen und weitverbreiteten Gerücht aufräumen:

 Wir Meerschweinchen haben mehr als nur ein Kurzzeitgedächtnis. Auch nach Monaten oder Jahren erkennen wir alte Freunde und Feinde, ehemalige Reviere oder unsere Menschen wieder.

Wenn der eine oder andere von uns manchmal etwas „fremdelt", bedeutet das nicht, dass wir Euch nicht wiedererkannt hätten, wir wollen Euch lediglich demonstrieren, dass wir mit Eurem Verhalten (z.B. einfach in den Urlaub zu fahren) nicht einverstanden sind. Persönlich bin ich eher der verständnisvolle Typ, eben ein „Menschenversteher". Wenn mein Mensch länger weg war, zeige ich ihm unmissverständlich, dass er mir gefehlt hat. Meine Frauen sehen das anders, die spielen beleidigt. So sind Sauen eben.

Doch für den Augenblick genossen Faceman und ich unser Leben in vollen Zügen und waren im Großen und Ganzen mit unseren beiden Zweibeinern zufrieden. So hätte es gerne immer weitergehen dürfen, doch dann kam unerwartet die große Wende.

Der Mensch ist unberechenbar

Nicht nur der Meerschwein-, auch der Zahn der Zeit nagt an allem. Mein Bruder und ich waren nach gut vier Monaten schon fast so groß und kräftig wie ein erwachsenes Meerschwein. Statt zu balgen, hatten wir uns jetzt immer häufiger ernsthaft in den Haaren. Faceman bildete sich mitunter ein, er könne der Boss sein. Wie an früherer Stelle schon erwähnt, bin ich aber der Superbock in unserer Familie und wusste schon damals, dass ich ein Anrecht auf die Alphaposition habe, zumindest wenn es ums Futtern ging, meiner Lieblingsbeschäftigung. Meistens harmonierten wir beide jedoch bis zu diesem Zeitpunkt noch sehr gut.

Eines Tages hatte Katharina eine Überraschung für uns: Wir bekamen ein neues Häuschen, mit eigenen Gitterstäben und Henkel, wie bei einer Tasche. Stefan nannte es „Transporter". War eine ziemlich aufregende Sache. Nachdem wir eingestiegen waren, machte Stefan hinter uns einfach die Tür zu. Wir hatten keine Chance wieder hinauszuschlüpfen. Das war aber weiter nicht schlimm, schließlich hatte er uns aus Versehen zusammen mit Möhrenkraut und Gurke eingesperrt. Außerdem schaukelte der Transporter immer hin und her, das war spaßig.

Aber das war erst der Anfang, denn an diesem Tag feierten wir mehrere Premieren. Zugegeben, auf die letzte hätten wir zwei gerne verzichtet, aber davon ahnten wir in jenem Augenblick noch nichts. Vermutlich war das ganz gut so, denn auf diese Weise konnten wir die erste Autofahrt unseres Lebens richtig genießen. Es ruckelte und zuckelte so herrlich, und zwischendurch hatte ich Gelegenheit Faceman ins Ohr zu zwicken, er konnte schließlich nicht weglaufen. Doch auch der lustigste Zeitvertreib wird irgendwann langweilig, deshalb sind wir dann wohl doch eingeschlafen.

Die Fahrt hat angeblich nicht lange gedauert, uns kam es jedoch endlos vor. Als wir aus dem Auto gehoben wurden, freuten wir uns darauf, wieder in unseren Käfig zurückzudürfen. Wäre eigentlich an der Zeit, fanden wir, und zuhause ist es doch immer am schönsten. Doch weit gefehlt! Immer noch im Transporter trug uns Stefan in einen Raum, in dem es stark nach Hunden, Katzen, Karnickeln und Artgenossen roch. Das war im Grunde nichts Ungewöhnliches, und doch war es irgendwie fremd und machte uns Angst.

Zu recht! Man kann sich doch immer auf seine Intuition verlassen: Wir wurden von einem fremden Menschen aus dem Transporter gehoben und abgetastet. Nicht liebevoll gestreichelt, oh nein, rumgedreht und gedrückt wurde ich, ein glattes Gesicht beugte sich über mich, während zwei Finger meine Augenlider nach oben zogen. Als Krönung der Unverschämtheit stierten zwei riesige Menschenaugen in die meinen – was für eine unwürdige Behandlung! Zu guter Letzt stach man mir mit einer Spritze in den Rücken! Auf das Gerät, aus dem ich früher immer die leckere Milch bekommen hatte, hatte jemand vorne eine spitze Nadel gesteckt.

Ich wollte mich gerade darüber aufregen und der Dame kräftig die Meinung quieken, als ich plötzlich müde wurde, immer müder und müder ... und schon nickte ich ein. War wohl doch nicht nur ein kleines Nickerchen, offensichtlich bin ich richtig weggeknackt. Denn als ich aufwachte, fand ich mich in meinem vertrauten Umfeld wieder. Zunächst war ich noch stark benommen, doch zwei Dinge drangen selbst in diesem benebelten Zustand zu mir durch: Erstens ein heftiges Stechen an meiner unteren Bauchhälfte und zweitens eine Stimme, die von oben kam: „Murdock, Murdock, alles in Ordnung, Bub?" Ob das mit dem Bub überhaupt noch zutraf? Heftige Zweifel plagten mich! Jedoch nicht nur in Bezug auf meine Männlichkeit, sondern zum ersten - und bei weitem nicht zum letzten - Mal an der Berechenbarkeit des Homo Sapiens. Was hatten die sich dabei bloß gedacht?

Meine Befürchtungen erwiesen sich später als grundlos. Nur weil man Kastrat ist, heißt das noch lange nicht, dass man keinen Spaß mehr mit Meerschweindamen haben kann. Im Laufe meines Lebens hatte ich davon jede Menge, oij joi joi! Nur das mit dem eigenen Nachwuchs klappt nach so einem Eingriff nicht mehr, aber das hat mich nie gestört.

Als ich aufwachte, wusste ich das alles jedoch noch nicht, deshalb war ich schwer besorgt. Außerdem stach und brannte es an der empfindlichsten Stelle meines Körpers. Meinem Bruder erging es auch nicht besser. Aber immerhin hatten Katharina und Stefan es uns in unserem Käfig sehr bequem eingerichtet. Statt auf gepressten Strohpellets und Stroh, was normalerweise die ideale Einstreu ist, hatten sie den Käfigboden mit weichen Handtüchern gepolstert. Darüber lag eine dicke Schicht Küchenpapier. Weil die Operationswunde natürlich noch nässte und Faceman und ich hin und wieder die Blase erleichtern mussten, wechselten die beiden in den ersten beiden Tagen stündlich die Küchentücher.

So saßen wir die ganze Zeit schön trocken und der Schnitt konnte problemlos und schnell heilen. Ab dem dritten Tag nach der Kastration ließen sie nur noch die weiche Handtuchunterlage im Käfig, die sie morgens und abends wechselten. War eine sehr pfiffige Idee von den beiden, denn sonst hätten uns am Ende noch die Strohhalme in die Unterseite gepiekst. Die Schmerzen gingen relativ flott vorbei, und bereits nach einer Woche schenkten wir dem Ganzen gar keine Beachtung mehr.

Beim Fädenziehen habe ich Faceman mal wieder bewiesen, wer von uns beiden der Superbock ist. Ich habe kein einziges Mal gezuckt oder protestiert, sogar die Tierärztin war beeindruckt. Das Erlebnis der Kastration habe ich vorsichtshalber verdrängt und nie wieder darüber gesprochen, denn es ist mir ein wenig peinlich. An diesem Punkt der Geschichte mache ich jedoch eine Ausnahme, weil es einerseits zu meinem Lebenslauf gehört und ich nichts auslassen möchte, anderseits möchte ich den nachfolgenden Generationen Mut machen: „Kopf hoch Jungs, ist halb so schlimm!". Und Mitspracherecht habt Ihr sowieso keins.

 Übrigens sollten wir Meerschweinchen, im Gegensatz zu Hunden und Katzen, auf jeden Fall auch noch kurz vor einer Operation ausreichend zu fressen bekommen. Das liegt daran, dass wir einen Stopfmagen haben, genauso wie auch Hasen und Karnickel.

Das bedeutet, dass der Nahrungsbrei, der gerade im Magen verdaut wird, nur dadurch in den Darm gelangt, dass er durch das nächste Futter weitergeschoben wird. Sollte ein Artgenosse von mir aus irgendeinem Grund nicht in der Lage sein, selbst zu fressen, verbleibt der vorverdaute Inhalt zu lange im Magen und beginnt zu gären. Die entstehenden Gase im Verdauungstrakt verursachen unerträgliche Schmerzen und Koliken und können im schlimmsten Fall zum Tod führen.

Deshalb brauchen wir immer ausreichend Heu und frisches Wasser, damit wir uns rund um die Uhr selbst bedienen können. Für den Notfall gehört unbedingt eine Packung „Critical Care" oder ähnliches in die Hausapotheke. Wenn es gar nicht anders geht, muss der Mensch alle zwei Stunden eine „Zwangsfütterung" per Spritze (selbstverständlich ohne Nadel!) durchführen. Dazu spritzt man am besten den mit Wasser angerührten Brei langsam in kleinen, mundgerechten Portionen in unser Maul. Hinter den Nagezähnen haben wir eine große Zahnlücke, die eignet sich besonders gut, um die Spritze hineinzustecken, damit der Brei nicht danebengeht.

Aber bitte achtet darauf, den Meerschwein-Kopf dabei nicht nach oben zu überstrecken und uns genügend Zeit zum Schlucken lassen!

Doch nun zurück zu meiner Geschichte.

Der etwas unerfreuliche Zwischenfall war schon fast vergessen, als Katharina eines Tages etwas bedrückt in unser Zimmer kam. Sie hob mich hoch, streichelte mich und legte ihre Wange an mein Fell. Merkwürdig, an ihrer Haut war was, was sonst nicht da war, das war ganz nass! Hatte sie gerade etwas getrunken? Und wenn ja, dann wollte ich natürlich unbedingt wissen, ob es wohl schmeckt.

Also habe ich nicht lange gefackelt, am Ende verschwindet es noch! Hab's schnell abgeleckt, denn ausprobieren schadet nicht: Igitt, das war salzig! Gerade wollte ich ein zweites Mal testen, nur um sicher zu gehen, dass ich mich beim ersten Mal nicht geirrt hatte, da sah ich aus dem Augenwinkel Stefan nahen. Oh, oh, er hatte den Transporter in der Hand! Hilfe, das verhieß nichts Gutes! „Faceman, versteck dich, Gefahr in Verzug!"

Ihr ahnt es sicher schon, genützt hat es uns nichts. Faceman wurde trotz blitzschnellen Fluchtversuchs gefangen, wir wurden im Transporter verstaut, und ab ging es auf große Reise. Von Frankfurt-Rödelheim bis nach Frankfurt-Preungesheim sind wir gefahren.

Dort hieß uns ein Pärchen willkommen. Sie stellten sich als Emma und Karl-Heinz vor und gehörten der Gattung Homo Sapiens an, obwohl sie durchaus ein wenig nach Cavia rochen. Trotz großer Aufregung habe ich schnell die Ursache geortet. Ein wunderbarer Geruch stieg in meine Nase – Meerschweinchen, ganz viele und, oh Gott, wie wundervoll: alles Damen!

Glückspilz von Geburt, der ich nun mal bin, setzte mich Stefan mitten rein in die Damenmannschaft. Von einer Sekunde auf die andere war mir Facemans Schicksal egal, hier war ich richtig, ganz eindeutig! Mir war spontan klar, dass ich der geborene Anführer des Rudels war, und zeigte mich den Säuen in all meiner Pracht ...
„Aua, Faceman! Ich bin der Alphabock, ich, ich! Na warte, ich beiße zurück!"
„Katharina, Stefan, guckt mal, der Face... Katharina? Stefan?" He, was sollte das, die waren weg, einfach verschwunden! Kann man so ein Zweibein keine zwei Sekunden aus den Augen lassen? Wann sie wohl wiederkommen würden? Plötzlich hatte ich eine schreckliche Vorahnung: in ihrer Unberechenbarkeit hatten uns unsere Menschen vielleicht ausgesetzt, verstoßen? Mussten wir jetzt für immer hierbleiben? Nun ja, wenn ich mir die hübsche Sau neben mir betrachtete, okay! Der Tausch war möglicherweise gar nicht übel.

Unser Revier sah etwas anders aus, als wir es gewohnt waren. Statt auf einer ebenerdigen Fläche hatten wir vierzehn Meerschweinchen mehrere Etagen zur Verfügung. Der Menschenmann hatte aus einem IKEA-Regal eine mehrstöckige Wohnung für uns alle gebaut. Jede der vier Etagen war vorn zu zwei Dritteln mit einer Plexiglasscheibe gesichert, so dass weder wir, noch allzu viel Heu und Stroh herausfallen konnten. Die Scheibe war hoch genug, dass wir nicht darüber klettern konnten, ließ aber genug Platz, dass wir immer genug frische Luft bekamen. Die einzelnen Etagen waren über Rohre verbunden, damit wir sicher von einem Stockwerk in das andere gelangen konnten. Wären es nur Rampen gewesen, hätte vielleicht doch mal der ein oder andere von uns das Gleichgewicht verloren und wäre gestürzt.

Gerade wenn es hektisch wurde, weil z.B. das Menschenweibchen Futter brachte, wollte selbstverständlich jeder zuerst dort sein. Wir rannten dann alle gleichzeitig unter lautem Quieken und Gerangel nach unten, gefüttert wurde nämlich im Erdgeschoss. Da hat man verständlicherweise keine Zeit, darauf zu achten, ob genug Platz nach links und rechts ist. Schnelligkeit zählt, nichts anderes, und die beiden hatten das erkannt.

Wie Ihr seht, waren wir in einer völlig akzeptablen Umgebung gelandet. Einziger Wermutstropfen: mein Bruder! Ohne ihn hätte es so eine Art Eldorado werden können. Doch nein, ständig musste ich ihn durch Prügel in die Schranken weisen. Schließlich war ich hier der Chef, und der Dummi wollte das einfach nicht begreifen. Zuweilen war er sogar davon überzeugt, er könnte sich als Alphabock aufspielen. Dann ging er in die Offensive und versuchte mich zu hauen und zu beißen. Natürlich nicht ungestraft, wäre doch gelacht! Ja, ja, unsere Wunden mussten öfter behandelt werden.

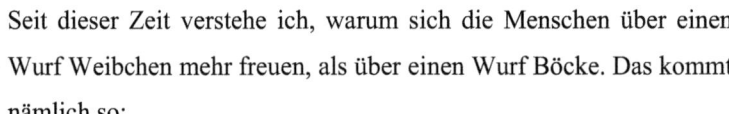

Seit dieser Zeit verstehe ich, warum sich die Menschen über einen Wurf Weibchen mehr freuen, als über einen Wurf Böcke. Das kommt nämlich so:

Böcke, so werden wir Männchen genannt, können nur zusammen wohnen, wenn sie aus dem gleichen Wurf stammen und niemals Kontakt zu Weibchen bekommen. Haben wir Kerle nämlich erst mal Weiber kennengelernt, empfinden wir ein anderes Männchen als Rivalen, auch wenn gerade gar keine Sau in der Nähe ist. Ein altes Böckchen mit einem jungen männlichen Tier zu „verbandeln" kann funktionieren, kann aber auch misslingen. Der Nachteil einer solchen Kombination ist, dass der Opa meistens keine Lust mehr hat, sich auf die „Abenteuertouren" des jungen Artgenossen einzulassen, was den „Kleinen" unter Umständen ausbremst.

Zwei ältere Böcke zusammenzuführen geht in fast allen Fällen daneben und führt zu „Mord und Totschlag", nun ja, nicht wörtlich nehmen.

Wenn zwei oder mehrere Männer mit Weibchen zusammenleben sollen, muss das Rudel entsprechend groß sein, wobei der weibliche Anteil überwiegen muss (persönlich habe ich auch nichts gegen eine große Frauenquote, selbst wenn ich der alleinige Bock im Rudel bin). Ein Leben unter Damen, Seite an Seite mit Konkurrenten, setzt auf jeden Fall eine große Wohnfläche voraus, so dass wir Kerle uns leicht aus dem Weg gehen können. Trotzdem besteht immer die Gefahr, dass es eines Tages nicht mehr klappt und wir Böcke getrennt werden müssen.

Das ist auch der Grund, weshalb man uns männliche Meerschweinchen fast immer kastriert, selbst wenn die Unterkunft in einer Männer-WG geplant ist. (Vor einiger Zeit habe ich davon gehört, dass auch unsere Weibchen kastriert werden können – aber dieser Eingriff ist wohl sehr kritisch, und es passiert gar nicht so selten, dass die Dame daran stirbt. Also bleibt es wohl weiterhin unsere Aufgabe, dieses Opfer zugunsten unserer Frauen zu bringen.) Sollte es später zu permanenten Rivalitätskämpfen kommen, kann man uns viel einfacher unterbringen, da ein kastriertes Männchen jederzeit mit einer „Sie" zusammengesetzt werden kann, ohne alle acht bis zehn Wochen mit ungewolltem Nachwuchs von jeweils zwei bis sechs Babys rechnen zu müssen.

Unsere Damen können in der Regel problemlos auch in großer Anzahl zusammen wohnen. Natürlich gibt es auch unter den Säuen Sympathien, Antipathien und hierarchische Strukturen, die von Euch berücksichtigt werden sollten.

Soweit mein kleiner Exkurs, der die Probleme zwischen Faceman und mir erklären sollte. Denn mein Bruder machte ständig Stress, weil er meine Überlegenheit partout nicht anerkennen wollte. Eines Tages belauschte ich, wie unsere Betreuerin meinen Bruder per Telefon einem Menschen anbot. Wie Sauerbier hat sie ihn angepriesen, was mich sehr freute: „Du, hör mal, wir haben gehört, du willst dir einen neuen

Bock anschaffen. Wir hätten da einen, der unbedingt aus der Gruppe heraus muss. Könntest du bitte den Faceman von uns übernehmen, wir würden ihn dir sogar vorbeibringen!"
Emma hatte wohl ein gewisses Charisma, denn die Überredungskünste fruchteten. „Super, ich werde ihn los, Juchhe!", jubelte ich insgeheim.

Das war übrigens auch eine komische Angelegenheit. Unsere Gruppe veränderte sich permanent. Mal bekamen wir Zuwachs, ein anderes Mal kamen irgendwelche Fremde, guckten in unsere Behausung und jauchzten irgendetwas in der Art wie: „Guck mal, wie süß, ach ist die goldig!", dann folgte unweigerlich eine grabschende Menschenhand und die „Goldige" wurde eingefangen, in einen Transporter gesetzt und ward nie wieder gesehen. Nun sollte es meinen Bruder treffen – ich war bester Laune.
„He, Moment mal, Ihr habt am Telefon *Faceman* gesagt, nicht *Murdock*, hab's genau gehört. Hallo, hört Ihr nicht? Ihr habt den Falschen! Ich bin Murdock nicht Faceman! Hallo, hallo, hört Ihr nicht? Ich will hierbleiben, Ihr macht einen großen Fehler!"
Aber sie wollten diesen Fehler nicht revidieren, und im Nachhinein betrachtet erwies er sich als größter Glücksfall meines Lebens, denn ich fand endlich mein wahres Zuhause. Zunächst ging es aber mal wieder in die ungeliebte Transportbox. Habe mich ziemlich tief in das Heu verkrochen und mich versteckt. Vielleicht fand man mich auf diese Weise nicht und ich konnte unbemerkt wieder mit zurück? Einen Versuch, so fand ich, war es auf jeden Fall wert. Leider machte mir mein leuchtend weißer Allerwertester einen Strich durch die Rechnung. Er ragte verräterisch aus dem Heu, man fand und fing mich.
Das war's also, ich war schon wieder umgezogen, diesmal ins Frankfurter Westend, Dachgeschoss.

Manfred

Meine Begrüßung hatte ich mir wahrlich anders vorgestellt: „Das ist nicht Faceman, Ihr habt mir doch den hübschen Blondgelockten versprochen!"
Moment mal, bin ich etwa nicht hübsch?
„Außerdem habt Ihr behauptet, der sei höchstens ein halbes Jahr alt, der hier sieht aus wie mindestens neun Monate!"
Stimmt! Immerhin, einen guten Blick für Meerschweinchen hatte die Menschenfrau, und ihre Hände fuhren so liebevoll durch mein Fell, dass ich meine Angst und Aufregung fast vergaß. Zudem sagte mir auch ihre Stimme sehr zu. Ein weiterer positiver Aspekt drängte sich in mein Bewusstsein: Es roch auch hier einladend nach Meerschweindamen und eben ausschließlich nach Damen, kein Bockgeruch in der Luft. Unversehens geriet ich ins Träumen, ja, hier wollte ich bleiben!
Ich hatte die Hoffnung, das hier könne sich als Paradies erweisen. „Schwein Murdock, leg dich ins Zeug", dachte ich mir. „Sie will dich nicht, aber du wirst sie mit deinem Charme überzeugen, wenn du schon keine blonden Locken hast"!
Aber ach, dieser unbesonnene Mensch! Karl-Heinz war auf dem besten Weg, mein Anliegen zu gefährden. Ich hörte, wie er lehrmeisterhaft über das richtige Futter dozierte und meinem zukünftigen Zweibein androhte, er würde mich ihm wieder wegnehmen, wenn er mitbekäme, dass es mir etwas anderes füttere, als das, was sie ihm vorschrieben. Und flugs hatte er auf ein Stück Papier notiert: „Ich verpflichte mich, Murdock ausschließlich mit ... zu füttern." Das sollte mein zukünftiger Mensch unterschreiben, sie nannten es „Vertrag".
Das fremde Zweibein roch aus jeder Pore nach Ärger. Ich spürte regelrecht, wie ihm die Worte „Dann nehmt das Schwein wieder mit, ich muss schließlich keinen Bock von Euch nehmen" auf der Zunge lagen.
Also hieß es, hurtig zu agieren und bloß keinen Fehler zu machen. Ganz fest schmiegte ich mich mit vollem Körpereinsatz an das fremde Menschenweib und begann an ihrer Wange zu lecken. Der Plan schien aufzugehen, die Streicheleinheiten wurden intensiver und sie sah mich zum ersten Mal ganz genau an. Gut so,

schließlich bin ich der Superbock, sie muss einfach schmelzen! Außerdem war ich mit meiner Trickkiste noch längst nicht am Ende, das konnte ich noch toppen! Ich „erzählte", was das Zeug hielt. Menschen fahren total darauf ab, wenn man mit ihnen redet. Ich hatte sie in wenigen Augenblicken total um die Kralle gewickelt und die Weichen für die Zukunft gestellt, noch heute kriege ich mit dieser Nummer alles, was ich will. Sollte es ausnahmsweise nicht funktionieren, habe ich einen Plan B in petto, später kam sogar Variante C hinzu. Etwas funktioniert garantiert immer, aber davon später.

Britta, so hieß mein neuer Mensch, hat den Vertrag schlauerweise unterschrieben, abgeheftet und vergessen. Was soll so eine Abmachung schon bezwecken? Selbstverständlich würde ein Mensch lediglich dafür sorgen, dass sie es eben nicht mitkriegen, und füttert trotzdem so, wie er es für richtig hält. Argumentation und Überzeugungsarbeit wären intelligenter gewesen. Wollen wir Emma und Karl-Heinz zugutehalten, dass sie im Grunde nur mein Wohl im Auge hatten und es lediglich ungeschickt anstellten, das zu vermitteln.

Sie wollten wohl sicherstellen, dass ich kein Körnerfutter, also Getreide, bekomme. Eigentlich finde ich das ja recht schade, da es tatsächlich sehr fein schmeckt. Genau wie Ihr Buttercremetorte nicht widerstehen könnt, geht es uns mit dem Getreidefutter, und wer sagt schon nein, wenn er es angeboten bekommt?

Nur ist dieses Futter für unsere Darmflora sehr schädlich, es stört unser empfindliches Verdauungssystem und schädigt obendrein das Gebiss, da der Futtermischung meistens leckerer Honig und/oder Zucker beigemengt wird. Obwohl es tatsächlich immer noch Körnerfutter für Meerschweinchen in den Regalen sämtlicher Supermarktketten gibt, die von den Herstellern sogar als „Alleinfuttermittel" angepriesen werden, gehört es, wenn überhaupt, nur in Ausnahmefällen auf den Meerschwein-Speiseplan, besser jedoch gar nicht.

Ihr könnt Euch meinen Schrecken vorstellen, als sich die beiden von Britta verabschiedeten und ich völlig unvermutet wieder im Transporter steckte! Sie hat mich einfach wieder in den Transporter gesetzt, stellt Euch das mal vor, damit hatte ich nicht gerechnet! Und das nach diesem Einsatz meinerseits!

Zwar war es mir bei Emma und Karl-Heinz sehr gut ergangen, aber irgendwie hatte ich gar keine Lust auf eine weitere Autofahrt und noch weniger auf mehr Ungewissheit und Aufregung. Die Ungewissheit legte sich bald, aber das mit der Aufregung? Nun ja, positiver Stress soll angeblich gesund sein.

Bei näherer Betrachtung stellte sich heraus, dass ich gar nicht in der Box saß, in der ich hergebracht worden war. Das war spannend. Ich stellte meine Lauscher auf und horchte, was sich da draußen so tat. Viel Zeit zum Wundern blieb mir nicht, schon tasteten ihre Hände wieder nach mir. An ihre Schulter gelehnt, von einer Hand am Po und der anderen am Rücken unterstützt, wurde ich ins Badezimmer getragen. Die Badewanne war nett eingerichtet. Mit einem Badetuch als Antirutschunterlage, ein wenig Salat – wie aufmerksam! – und einem großen Tunnel aus Kork, unter dem ich nicht nur durchlaufen, sondern auch liegen konnte. Sollte ich hier wohnen? Ein wenig komisch mutete es schon an, aber Menschen haben mitunter sonderbare Ideen, ich kannte das schon. Meine Füße waren noch nicht ganz auf dem Boden, da zog ich bereits gierig das erste Salatblatt ran. „He, Manni, du sollst den Salat nicht inhalieren, friss langsamer!"

Manni? Mit wem sprach die denn?

Britta verließ das Badezimmer und ließ mich allein, was ich als ziemlich unhöflich empfand. Sorgen hätte ich mir deswegen allerdings keine machen müssen, schon wenige Augenblicke später kehrte sie wieder und, Ihr ahnt es nicht, brachte mir zwei herrliche Weiber: Polly und Peppina.

Peppina, in ein cremefarbenes Haarkleid gehüllt, strömte diesen herrlichen Duft aus, den ich bereits beim Betreten der Wohnung geschnüffelt hatte. Ihr Gesicht wurde durch einen weißen Strich von der Nase bis zur Stirn geteilt und sie blickte mich durch wunderschöne rote Augen an. Die schokobraune Polly wurde durch strubbeliges Haar auf dem oberen Rücken geziert, das sie wie einen Irokesen aussehen ließ. Sie war noch ein halbes Baby, sehr nett, aber halt noch ein Kind. Während Peppina ... Oh, Leute, sie hatte das schönste Hinterteil, was sich Bock vorstellen kann! Quer über die breiteste Stelle des selbigen zog sich ein schneeweißer Streifen. Für dieses

Weib ließ ich sogar meinen Salat im Stich und nahm sie stante pede in Besitz. Sie protestierte etwas und trat mich weg, aber das machte nichts. Ich liebe ein gewisses Zieren bei Damen, also gleich noch mal drauf! So, das war geklärt, nun zu der Kleinen. „He, Polly, nicht weglaufen, jetzt bleib doch mal stehen, ich möchte nur riechen. Polly!"

 Inzwischen weiß ich auch, warum Britta die Badewanne für unsere erste Begegnung gewählt hat. Wenn sich Meerschweinchen aneinander gewöhnen sollen, geschieht das am besten auf neutralem Territorium, das keiner von uns Tieren schon kennt. Somit hat nämlich keine Partei einen „Heimvorteil" und es werden keine Revierkämpfe nötig. Wir gehen dann offener aufeinander zu. Eine Bade- oder Duschwanne eignet sich für diese Maßnahme hervorragend, da in der Regel keiner von uns dieses Terrain schon kennt. Auf diese Art und Weise fallen die notwendigen Macht- und Hierarchiekämpfe weniger heftig aus.

Während der ersten Begegnung muss der Mensch starke Nerven beweisen. Er sollte zumindest die erste halbe bis ganze Stunde in der Nähe bleiben und beobachten, wie wir miteinander umgehen. Dabei sollte er uns möglichst in Ruhe lassen, denn in dieser Zeit muss die Rangordnung innerhalb der Gruppe festgelegt werden, und je eher dies geschieht, desto schneller herrscht Ruhe im Rudel. Bis alles geklärt ist, kann es durchaus vorkommen, dass sich Meerschweinchen gegenseitig bis aufs Blut beißen, und das ist bis zu einem gewissen Grad normal. Der Mensch muss lernen, sich zurückzuhalten und uns nicht sofort zu trennen. Wir Meerschweine sind hart im Nehmen und Kämpfe gehören in der Kennenlernphase zu unserem natürlichen Verhalten. Nur wenn sich der Schwächste (oder, wenn es nur zwei sind, der Schwächere der beiden) nicht mehr wehren kann, dann sollte der Mensch eingreifen und uns fürs Erste trennen. Ein zweiter Käfig leistet hier gute Dienste als Ausweichquartier.

Überhaupt sollte jeder Mensch für eine Möglichkeit sorgen, uns notfalls voneinander getrennt unterzubringen. Es kann ja zum Beispiel jederzeit vorkommen, dass sich einer von uns eine Infektionskrankheit oder Parasiten einfängt. Dann sollte der Patient auf Grund der Ansteckungsgefahr von den anderen getrennt werden.

Wenn die Zusammenführung zweier Artgenossen nicht von Anfang an glückt, könnt Ihr dem Neuen Ruhe in einem separaten Quartier gönnen. Stellt die beiden Käfige (natürlich geschlossen) am besten Tür an Tür nebeneinander. So können wir uns an den Geruch des/der anderen gewöhnen und vorsichtig durch das Gitter Kontakt zueinander aufnehmen. Am folgenden Tag könnt Ihr die Badewannen-Variante wiederholen, solange, bis es klappt.

In sehr seltenen Fällen funktioniert eine Zusammenführung auch nach einer längeren Kennenlernphase überhaupt nicht. Wenn sich die Kandidaten partout nicht leiden können, werden sie sich niemals arrangieren. Dann solltet Ihr Euch, wenn es auch schwer fällt, wieder von dem Neuling trennen. Wenn die Kollegen und Kolleginnen aus dem Tierheim stammen, geht das in der Regel problemlos, man bekommt mitunter sogar einen anderen Kandidaten mit nach Hause, mit dem es vielleicht besser klappt. Wie gesagt, persönliche Sympathien spielen auch bei Meerschweinchen eine große Rolle. Wenn Euer Schweinchen in einem Zoogeschäft gekauft wurde, wird es schwierig, da diese Rücknahmen so gut wie immer verweigern.

In meinem Fall war das alles gar kein Problem. Polly, das kleine Mädchen, akzeptierte mich auf Grund ihres Alters sofort als Herrn und Meister. Peppina war seit vierzehn Tagen Witwe. Britta hatte Polly bereits einen Tag nach Ableben meines Vorgängers aus einem privaten Tierheim mitgebracht, weil Peppina die ganze Nacht nach ihrem Tamino, wie der Typ hieß, geschrien hatte.

Aber dann war es zu einer Hass-Liebe zwischen den beiden Frauen gekommen. Miteinander ging es nicht, aber ohne die jeweils andere auch nicht. Wenn Britta die Kleine zum Schmusen aus dem Käfig holte, schrie die Alte sofort und verlangte das Baby lautstark und umgehend zurück. War Polly wieder da, konnte sie nach Peppinas Geschmack nicht weit genug von ihr weg sitzen und durfte sich ihr nicht nähern.

Das war der Grund, warum ich als Vermittler mit ins Boot geholt wurde. Und ich bin stolz behaupten zu können, meiner Aufgabe jederzeit zur vollkommenen Zufriedenheit meiner drei Weiber nachgekommen zu sein. Ja, ja, drei, denn auch mein Mensch schätze meine Arbeit sehr.

Peppina und Polly waren mir also freundlich gesinnt. Deshalb durfte ich bereits nach einer halben Stunde mit *meinen* Frauen in den gemeinsamen Käfig ziehen. Britta hatte für mich sicherheitshalber eine Nacht in Einzelhaft in Erwägung gezogen. Aber da ich so ein unglaublicher Charismat bin und mich meine Damen lieben, beerdigte sie diese Idee sofort.

Eingezogen bin ich an einem nebligen Freitag im November, aber ich habe den Sonnenschein in diese Wohnung gebracht. Bereits am Samstag hatte ich die Führung des kompletten Rudels in die Pfoten genommen. Weder mein Mensch noch ich verschwendeten einen weiteren Gedanken an Faceman – aus den Augen, aus dem Sinn. So saß ich am Samstagabend mit meinem neuen Menschen vor dem Fernseher, wurde gekrault und er sprach mit mir. Das war zwar sehr schön, als junger Bock hatte ich für solche Aktivitäten wie Kraulen oder Fußmassage jedoch kaum Zeit. Schön dumm, aber so war ich nun mal. Inzwischen genieße ich diesen Luxus sehr. Habt Ihr schon mal eine Fußmassage bekommen? Es ist einfach göttlich!

Aber damals trieb es mich einfach in jeder Minute, meine Umgebung zu erforschen und sie, wenn möglich, mit meiner Zähne Arbeit nach eigenen Vorstellungen zu gestalten und umzuformen. Trotz der gewissen Unruhe, die mich stets zum Zappeln und Winden zwang, bekam ich beim Kraulen etwas Wichtiges mit: Ich hatte einen neuen Namen bekommen. Mein Menschenweib nannte mich: **Manfred**.

Herzklopfen und andere Aufregungen

Was soll ich sagen? Nach all dem Stress sollte man meinen, ich sei müde gewesen. Doch ich kam mit mehreren kurzen Nickerchen aus. In den Wachphasen suchte ich unablässig Peppinas Nähe. Mann, machte mich dieses Weib wuschig! Ihre prallen Rundungen verursachten mir heftiges Herzklopfen und brachten mich schier um den Verstand. Dieser Zustand zwang mich regelrecht zum Wachbleiben, so sehr genoss ich ihn.

Auch in der Folgezeit fand ich keine Ruhe. Ständig hatte ich das zwanghafte Bedürfnis, alles kontrollieren und mich in jeder Ecke gleichzeitig aufhalten zu müssen. So, wie ich es verstanden hatte, entsprach dies exakt meiner Stellenanforderung, und ich wollte meinen Menschen nicht enttäuschen.

OK, das ist eine Ausrede. Die Neugier trieb mich. Die neuen Gerüche und Geräusche verwirrten mich und ich wusste gar nicht mehr, was ich als erstes tun sollte. Deshalb begann ich zu fressen, ließ es fallen, rannte zu Polly, um zu schauen, ob sie eventuell etwas Besseres als ich bekommen hatte, verglich es mit Peppinas Gurkenstück, stritt mit ihr, suchte mein Stück, fand es nicht mehr und suchte woanders. Doch bevor ich eine Chance hatte, es zu finden, wehte Peppinas Odeur zu mir herüber ... na, Süße?

Zack, hatte sie nach mir getreten. Aus unerfindlichen Gründen mochte sie mich nicht in der gleichen Weise, wie ich sie, und schon gar nicht so oft. Na gut, dann halt mal rüber zur anderen, ach Gott, meine Gurkenscheibe...

Ich muss gestehen, die Situation wuchs mir über den Kopf, und ich kam kaum noch zum Fressen. Innerhalb weniger Tage war ich von über 1000 auf 790 Gramm abgemagert. Aber ich war viel zu beschäftigt, um das zu bemerken. Britta, die mich mit Argusaugen überwachte, fiel es jedoch auf – auweia. Da saß ich schon wieder in der Transportbox. Was war denn jetzt schon wieder los? Wieder ein Umzug, oder schlimmer, noch eine Operation? Zugegeben, seit einiger Zeit bemerkte ich in eben jener ehemals beschnittenen Körperregion Schmerzen, aber das konnte ich mit all dem Neuen um mich herum ganz leicht verdrängen, wozu also diese Umstände? Ach Leute, lasst mich doch endlich in Ruhe!

Um es vorweg zu nehmen, sie hat mich nicht weggegeben.
Nach Oberursel fuhren wir, zu einer Tierärztin. Zu dieser Zunft habe ich aus begreiflichen Gründen ein gespaltenes Verhältnis. Diese Frau war jedoch sehr nett und untersuchte mich auf eine sehr sanfte und ruhige Art. Ich wurde gewogen und abgetastet. Dann musste ich mein Maul weit aufsperren und bekam eine Metallklammer zwischen Ober- und Unterkiefer geschoben.
Bin ja nun wirklich ein Ausbund an Sanftmut, aber in meinem Maul hat einfach niemand etwas zu suchen, deshalb biss ich die Zähne kräftig aufeinander. Mensch wäre nicht Mensch, wenn er seinen Willen nicht durchsetzen würde. Kam er nicht weiter, behalf er sich eben mit Werkzeug. Aber glaubt mir Leute, ein echter Kerl hält durch, auch wenn die Aussicht auf Erfolg noch so gering ist. Und so hielt ich mein Maul unter Aufbietung all meiner Kräfte die Kiefermuskeln fest zusammengepresst. Ansonsten lies ich das Prozedere in stoischer Ruhe über mich ergehen, was mir den (völlig berechtigten) Ruf als „coolstes Meerschwein der Welt" einbrachte. Abschließend fragte Frau Doktor nach den Lebensumständen und ob es in letzter Zeit Veränderungen gegeben hätte. Nachdem sie hörte, dass ich mit zwei neuen Gattinen zusammenlebte, hatte sie die richtige Eingebung. Sie hob mich hoch, drehte mich um und besah mich unten rum. Bingo. Dauererektion nannte sie es, und verkündete, dass es „nichts Organisches" sei. Na, und ob mir mein Organ weh tat, hatte die 'ne Ahnung! Sie erklärte, dass man aus medizinischer Sicht nichts machen könne, und wenn es nicht von alleine aufhöre, dann müsse man mich von den Weibchen trennen. Ich geriet in Panik: allein, ohne Peppina und Polly? „He Britta, mach ja keinen Quatsch!"
Das hatte sie nicht vor. Im Laufe meines Lebens habe ich von ihr viel über alternative Heilmöglichkeiten gelernt. Dies sollte nun meine erste Bekanntschaft mit einer davon werden. Sie nannte es „Homöopathie".
Kaum waren wir wieder Zuhause, durfte ich direkt zu meinem Rudel und wurde für die Aufregung mit Dill und Petersilie belohnt. Peppina und Polly wurden fürs lange

Warten auch mit Dill und Petersilie belohnt. Hat sich prima gefügt, nicht? Während wir uns die Bäuche vollschlugen, hörte ich, wie Britta mit jemandem telefonierte und ganz genau meinen Charakter beschrieb. Aha, neugierig war ich also, ließ mich leicht ablenken, war cool und „hibbelig". Ein guter Homöopath will nämlich alles über einen wissen, für ihn ist nicht nur ein Symptom interessant, sondern die komplette Persönlichkeit des Menschen, respektive des Schweins. Es erfolgte also eine eingehende Charakteranalyse und danach wurde meine Krankheitsgeschichte aufgenommen, soweit bekannt. Sogar eine eigene Akte wurde für mich angelegt.

Britta notierte den Namen der Globuli, also der homöopathischen Medizin, die der Heilpraktiker empfahl. Das Mittel hat sie sofort nach dem Telefonat bei der Apotheke bestellt, damit mir schnell geholfen werden konnte. Bereits am nächsten Tag habe ich einen Globulus bekommen, und, oh Wunder, meine Beschwerden verschwanden über Nacht!

Nur für den Fall, dass es Euch interessiert: Obwohl sich Brittas Statur doch deutlich vom Körperbau eines anständigen Meerschweinchens unterscheidet, wird sie von dem gleichen Homöopathen behandelt wie ich, bemerkenswert, nicht? Ich bin ganz froh, dass Britta ihn kennt, denn er kann oft helfen, wenn die Schulmedizin nicht weiter weiß. Außerdem tut es auch nie weh, wenn ich von ihm behandelt werde, weil man die homöopathische Medizin immer schluckt. Da wird nichts mit spitzen Nadeln in den Nacken gespritzt!

So kehrte also endlich wieder Ruhe ein, sowohl innerlich, als auch in der Gruppe. Leider wurde mit der Heilung auch die lokale Behandlung mit der kühlenden Augensalbe eingestellt. Eigentlich fand ich die Prozedur nach anfänglichem Protest nämlich recht angenehm. Habe noch eine Weile probiert das Salben einzufordern, indem ich mich hinlegte und meine Beine weit von mir streckte. Leider erfolglos, vielleicht begriff das Zweibein nicht, worauf ich hinauswollte? Schon möglich, auch gut.

Nach all den Erlebnissen meines jungen Daseins hatte ich bereits eines begriffen: es kommt immer anders, als man denkt. Das Leben ist spannend und voller Aufregungen. Glücklicherweise gibt es aber auch immer wieder Routinephasen, so dass man sich sicher fühlen kann. Wollt Ihr wissen wie das aussieht? Na, dann lest mal weiter.

Es muss nicht immer Wirbel sein

Bereits nach wenigen Tagen fühlte ich mich in meinem neuen Zuhause absolut heimisch. Mit der Zeit kehrte Routine in mein Leben ein, was den Stress auf ein Minimum reduzierte. Aufregungen sind zwischendurch ganz nett, aber es muss nicht immer Wirbel sein. Meinem Stoffwechsel tat das besonders gut. Ich war sehr viel ausgeglichener, nahm zu – vierzehn Tage nach meinem Einzug wog ich bereits 1.030 Gramm –, mein Fell glättete sich wieder und fing an zu glänzen, nicht zuletzt wegen des ausgezeichneten Speiseplans, den mein Mensch für uns zusammenstellte.

Grundsätzlich sollte uns der Mensch jederzeit frisches Heu zur Verfügung stellen. Und bitte: Wir haben eine empfindliche Nase, wenn das Heu also muffig oder staubig riecht, dann wollen wir es nicht mehr. Heu ist unser Grundnahrungsmittel. Ganz wichtig ist außerdem Vitamin C. Bei einer abwechslungsreichen Grünkost bekommen wir genug davon. Lediglich im Winter sollten unsere Menschen hin und wieder einige Vitamintropfen ins Trinkwasser geben, da das Grünfutter dann nicht mehr ausreichend Vitamine und Spurenelemente enthält.

Mein Kontrollzwang hatte sich dank des homöopathischen Mittels innerhalb weniger Stunden gelegt, was blieb, war die Neugier, zur Freude meines Menschen.

Nachdem sich die anfänglichen Aufregungen gelegt hatten, wurde ich mit den Konditionen meines „All inclusive-Vertrags" bekannt gemacht. Das Paket umfasst folgende Leistungen:

- Kost und Logis
- Entertainment
- Wellness
- Putzdienst

- Fußpflege
- ärztliche Behandlung
- Pflegedienst im Krankheitsfall
- Alterspflege
- Sterbeversicherungen / Grabpflege

Im Gegenzug sollte ich mich zu täglichen Kuscheleinheiten für meinen Menschen verpflichten. Das hörte sich fair an und so akzeptierte ich. Nur manchmal drängt sich mir der Verdacht auf, ich hätte gar keine andere Wahl gehabt. Besser nicht darüber nachdenken... Es ist so, wie es ist, und so ist es gut!

Inzwischen hatte ich auch Zeit, meine Behausung genau zu studieren. Unser Käfig bestand aus zwei Teilen, die in der Küche platziert waren: absolut zugfrei, so wie es sein muss, und hell, aber nicht in der prallen Sonne.
Genau genommen waren es sogar zwei Käfige. Der hintere war mit 100 x 53 cm der größere und hatte Gitter, an denen eine Hängematte und eine Trinkflasche befestigt waren. In der Hängematte befand sich ein Handtuch, auf das Britta morgens und abends frisches Heu legte. Das Handtuch tauschte sie jeden Abend aus. Diese Hängematte war oft Anlass zu heftigen Diskussionen mit meinen Mitbewohnerinnen. Alle drei liebten wir es, in ihr zu liegen, umgeben von duftendem Heu, an dem wir ausgiebig zupften. Doch fanden wir maximal zu zweit auf ihr Platz. Nummer Drei musste sich eine andere Schlafstelle suchen.

Am liebsten lag aber doch jeder von uns alleine darin. Meine Gattin Peppina setzte sich meistens durch, bestand sie doch auf ihrem Gewohnheitsrecht. Da ich sie nicht nur liebte, sondern in erster Linie ihre gewichtsmäßige Überlegenheit, gepaart mit unglaublicher Sturheit bedachte, überließ ich ihr die Hängematte im Regelfall,
behielt sie jedoch scharf im Auge. Sobald sie die Lager-statt verließ, machte ich mich darin breit. Von unten hat man die schlechtere Ausgangsposition, und so blieb

ich siegreich sitzen, wenn sie wieder hineinwollte. Polly hatte die schlechtesten Karten. Als rangnied-
rigstes Rudelmitglied musste sie eben nehmen, was übrig blieb, und das war meistens nicht der Platz in der Hängematte. Mitleid hatte ich keins.

Wir besaßen auch ein feines Holzhäuschen mit Flachdach. Das stand gegenüber der Hängematte. Auf dem Flachdach lag ein Handtuch und darauf hatte der Mensch ein weiteres, kleineres Haus gestellt, weil unsereins gerne erhöht liegt und von dort aus die Umgebung studiert. Unter die Hängematte legte uns Britta eine urgemütliche Kuschelrolle oder einen Schlafsack aus Fleece, in dem wir auch sehr gerne schliefen. Leider gab sie uns diese immer nur für einen Tag oder eine Nacht.
Sie erklärte das damit, dass wir Meerschweinchen das mit der Stubenreinheit nicht gebacken bekommen und unsere kleinen und großen Geschäftchen eben erledigen, wo wir gehen und stehen oder - im Falle der Kuschelrolle - liegen. Ich finde das zwar völlig normal und erkenne das Problem nicht, aber da saß Britta einfach am längeren Hebel. Somit verschwanden sämtliche Rollen und Säcke ständig in die

Waschmaschine und brauchten danach einen ganzen Tag zum Trocknen. Dies bedeutete, dass wir manchmal für eine Weile darauf verzichten mussten. Umso größer war die Freude, wenn dann plötzlich wieder ein Schlafsack im Käfig lag.

Inzwischen hat sie allerdings eingesehen, dass man von Schlafrollen und –säcken einfach einen größeren Vorrat benötigt und ist ihrer Verpflichtung nachgekommen, weitere anzuschaffen.

Die Tür des Käfigs war mit einem weiteren Frotteehandtuch umwickelt und diente als Brücke zur Schale des zweiten Käfigs, von wo aus wir weiter in die „Freiheit", d.h. die Küche, gelangen konnten. Das Handtuch stellte sicher, dass wir mit unseren Beinen nicht zwischen die Gitter gerieten und uns daran verletzen konnten.

Der zweite, vordere Käfig war genau genommen gar kein Käfig, da er nur aus der unteren Hälfte, also der Schale bestand. Diese hatte die Maße 90 x 60 cm. Auch dort stand ein Häuschen, manchmal auch eine Korkrinde. Britta richtete unser Eigenheim bei jedem Saubermachen ein wenig anders ein, d.h. ein- bis zweimal pro Woche. Mal hing die Hängematte links, mal rechts, die Häuser standen manchmal anders oder es verschwand eines für eine Woche. Dafür lag plötzlich ein Kork- oder Weidentunnel dort, ein „Anti-Langeweile-Programm" für uns.

Aus der vorderen Schale konnten wir jederzeit in die Küche gelangen und von dort in den Flur. Wenn Britta zuhause war, stand auch die Tür zum Wohnzimmer offen, damit wir genügend Auslauf bekamen. Diesen nutzten wir hauptsächlich zwischen 17.00 und 18.00 Uhr, denn wir wollten unserem Menschen einen Gefallen tun und passten uns deshalb mit unseren Aktivzeiten ihren Gewohnheiten an.

Bis auf wenige Ausnahmen ist der Tagesablauf, einschließlich des Fütterungszeremoniells, bis heute gleich geblieben:

Morgens bekommen wir unser Frischkost-Frühstück. Wenn Britta aufsteht, sind wir natürlich schon längst wach, erwarten sie bereits vor dem Käfig und begrüßen sie ungeduldig. Sobald uns der morgendliche Imbiss kredenzt wurde, verschwindet sie im Bad. Wir lauschen beim Fressen dem Wasserrauschen (das reimt sich sogar, habt Ihr das bemerkt?) und etwa eine halbe Stunde später fällt die Wohnungstür ins Schloss und wird zugeschlossen. Vermutlich hat der Mensch Angst, wir würden flüchten, wenn er nicht zusperrt. Eigentlich müsste er sich wirklich keine Sorgen machen, wir fühlen uns hier wohl und haben gar keine Lust, uns in die fremde, feindliche Welt aufzumachen. Danach herrscht lange Ruhe, die wir zum Ausruhen, Heuknabbern und für kleine Stippvisiten durch die Küche nutzen.

Sollte unser Mensch aus irgendwelchen Gründen mal verschlafen, kann er hundertprozentig auf uns zählen. Pünktlich wie die Wecker quieken und gurren wir, scheppern mit dem Fressnapf oder rütteln an unseren Häusern, bis er gähnend erscheint und das Grünzeug rausrückt. Manchmal kommt es vor, dass Britta dann etwas von Urlaub oder Krankheit erzählt, aber das ist noch lange kein Grund, uns hungern zu lassen und wird von uns nicht als Entschuldigung akzeptiert.

Samstag und Sonntag genehmigen wir ausnahmsweise spätere Fütterungszeiten, denn auch das Wochenende zeigt uns unsere innere Uhr an. Nur selten täuscht sie uns.

Irgendwann nachmittags klappert die Wohnungstür wieder. Wir haben Brittas Schritte natürlich schon lange davor im Treppenhaus gehört und uns vorbereitet. Sobald der Schlüssel in die Wohnungstür gesteckt wird, empfangen wir das Zweibein mit begeistertem Quieken und läuten so die nächste Fütterungsrunde ein.

Nach einem Verdauungsschläfchen, dem sich das Menschenweib hin und wieder sogar anschließt, werden wir richtig aktiv, haben sozusagen unsere „rush hour", in der wir durch die Wohnung wetzen oder andere lustige Unternehmungen starten, bis es Zeit für das Abendessen ist.

Fast täglich folgt danach der gemütliche Streichelteil. Hin und wieder verschwindet Britta abends für ein paar Stunden und kommt dann erst spät, aber meistens rechtzeitig für das Betthupferl wieder.

Gelegentlich werden wir mit einer Babybürste gebürstet, das ist fein, wir genießen es alle sehr. Alle sechs Wochen schneidet sie uns die Krallen, das ist weniger fein, weil wir fürchten, sie könnte den schmerzempfindlichen Teil erwischen, und außerdem sind wir an den Füßen extrem kitzelig.

Damals, als Jüngling, war ich natürlich wesentlich aktiver als ich es heute bin, und so ging ich zu jener Zeit regelmäßig auf Tour. Anfangs als Solist, doch nach ein paar

Wochen erwachte auch bei Polly der Entdeckerinstinkt und sie folgte mir regelmäßig. Fortan waren wir unzertrennlich und erkundeten die Gegend bei Rundgängen durch Küche und Flur im Zweierpack. Alle Jubeljahre schloss sich Peppina unserem Erkundungstrupp an, aber, wie gesagt, das kam äußerst selten vor. Madam war nicht mehr die Jüngste und obendrein fast blind. Deshalb erwartete sie offensichtlich von mir, dass ich den Blindenhund für sie spielte. Ich sollte also entweder auf sie warten oder noch lieber umdrehen und sie abholen, wenn sie den Anschluss verlor. Ihr Gatte selig, der verstorbene Tamino, hatte dies seinerzeit so praktiziert.

Doch nun war ich der Chef, und die Zeiten änderten sich für sie. Meine Devise hieß: Friss oder stirb!, soll heißen, wenn du nicht mitkommst, musst du warten, bis ein Mensch vorbeikommt, der dich wieder einsammelt und dich zurück in den Käfig bringt. Da verlor sie die Lust an unseren Ausflügen, selbst schuld!

Von Zeit zu Zeit wickelte das Zweibein extra für mich ein Pflaster um seinen Finger. Dann war ich schwer gefordert, denn es kostete mich viel Geduld und Zeit, das Zeug wieder zu entfernen. Es gehört dort nämlich nicht hin, da bin ich sicher! Deshalb sah ich es als meine Pflicht für Ordnung zu sorgen und den Ursprungszustand wiederherzustellen. So ganz nebenbei empfand ich das als herrlichen Zeitvertreib. Ich bin mir nicht sicher, ob Britta meine Fürsorge tatsächlich zu schätzen wusste, denn es kam vor, dass sie mich weg schob, sobald ich mit dem Job beginnen wollte. Bei anderen Gelegenheiten lachte sie und hielt mir den eingebundenen Finger auffordernd hin. Muss man die Menschen verstehen? Ehrlich gesagt, ich werde nicht schlau aus ihnen!

Wenn Britta nichts einfiel um mich zu unterhalten, wurde ich selbst kreativ, krabbelte unter ihren Pulli oder pullerte darauf. Ihr seht, auch die tägliche Routine kann viel Freude machen! Am Ende eines langen Tages gibt es, damals wie heute, ein Betthupferl. Danach zieht sich Britta bis zum nächsten Frühstück zurück. Wir nicht, wir sind außer in den Schlafpausen auch nachts unterwegs. Meerschweinchen haben nämlich keine festen Schlafzeiten. Wir schlafen grundsätzlich viel, wachen dazwischen öfter auf, fressen, laufen und unterhalten uns angeregt. Cavia aperea porcellus ist ein wirklich sehr kommunikatives Volk. Auch die Neugier ist ein Meerschwein-

Wesenszug, beim einen mehr, beim anderen weniger ausgeprägt. Übrigens schätze ich das Wort Neugier überhaupt nicht, es klingt so negativ, findet Ihr nicht? Persönlich bevorzuge ich „wissensdurstig", denn das ist exakt, was ich bin: ständig um Fortbildung bemüht.

Ach ja, fast hätte ich vergessen zu erwähnen, dass zur Routine auch alle paar Wochen das Wiegen gehört. Zu diesem Zweck stellt Britta eine Digitalwaage mit großer Schale auf, legt sie mit einem kleinen Handtuch oder Küchenpapier aus, justiert die Waage danach und setzt uns einen nach dem anderen hinein. Das ist eine ziemliche blöde Aktion, komme mir dabei mächtig lächerlich vor, aber es tut zumindest nicht weh. Britta scheint das Wiegen wichtig zu finden, also tun wir ihr den Gefallen und bleiben auf der Waage sitzen.

Es mag daran liegen, dass wir Meerschweinchen sehr tapfere Gesellen sind und es nicht zeigen, wenn es uns schlecht geht. Ein krankes, verletztes oder schwaches Tier gefährdet in der Natur den Bestand des Rudels, weswegen es von den Artgenossen ausgestoßen wird, sobald Krankheitssymptome auftreten. Dies bedeutet für das betroffene Meerschwein den sicheren Tod, für die anderen aber höhere Überlebenschancen. Daher versuchen wir, uns so lange wie möglich nichts anmerken zu lassen. Das macht es für die Menschen schwierig, Krankheiten schnell zu entdecken. Genaues Beobachten, Abtasten und regelmäßiges Wiegen (Gewichtsabnahme ist kein gutes Zeichen) können helfen, Krankheiten frühzeitig zu erkennen!

Wenn ein Meerschweinchen das Fressen einstellt, bedeutet es in der Regel, dass es sich selbst aufgegeben oder zumindest heftige Schmerzen hat. Wenn ein Mensch so etwas sieht oder aber beobachtet, dass die oder der Partner es ständig beißen, jagen, ihm keine Ruhe lassen oder es anderweitig „mobben", dann hat er einen sicheren Hinweis auf eine ernsthafte Krankheit entdeckt. Am besten vereinbart er dann sofort einen Termin beim Tierarzt und schildert die Symptome telefonisch, damit der die Wichtigkeit richtig einschätzen kann.

Sollte das nicht möglich sein (z.B. an einem Wochenende), dann sollte der Artgenosse notfalls in eine Tierklinik gebracht werden, denn gerade bei kleinen Haustieren wie uns entscheiden oft Stunden über Leben und Tod.

Und so ist nach wie vor auch der regelmäßige Gang zum Tierarzt eine weitere Routine-Aktion. Da Britta der Ansicht ist, sie sähe schlecht und könne uns beim Krallenschneiden eventuell verletzen, kürzt sie nur ganz vorsichtig die Kappen unserer Krallen. Zwei- bis dreimal im Jahr werden wir deshalb zur medizinischen Fußpflege beim Veterinär angemeldet. Dort bekommen wir einen „Grundschnitt".

Dabei ist es grundsätzlich selbstverständlich in Ordnung, wenn ein Meerschwein-Besitzer die Krallen mit einer entsprechenden Krallenschere, die es im Zoohandel gibt, selbst kürzt. Bei hellen Füßen kann man gut erkennen, bis wohin die Blutgefäße reichen. Es versteht sich von selbst, dass die Krallen nur bis dorthin geschnitten werden sollen. Bei dunklen Zehen ist das schwieriger zu sehen, hier hilft die Erfahrung. Wir sind aber gar nicht böse, wenn ein unerfahrener Mensch sich das Krallenschneiden sicherheitshalber beim ersten Mal von einem Profi oder einer geübten Person zeigen lässt.

Seht Ihr, Leute, so sieht unser Alltag aus, Routine eben, auch nicht anders als bei Euch. Wie wir sie hin und wieder unterbrechen, könnt Ihr im nächsten Kapitel lesen.

Des Meerschweins Gaudium

Britta gab sich redlich Mühe, uns bei Laune zu halten und uns ein gewisses Entertainment zu bieten. Wir revanchierten uns nur zur gerne und waren sehr geschickt darin, auch sie zu unterhalten.

Eines Tages, Polly und ich waren gerade bei der täglichen Wohnungsinspektion, bot sich eine solche Gelegenheit: Die Schlafzimmertür stand offen! Nix wie rein, wer weiß wie lange noch? Ihr könnt Euch gar nicht vorstellen, welch traumhaftes Bild sich uns bot! Wir erblickten direkt vor uns eine in Meerschweinhöhe überdachte Fläche, die ein Vielfaches unserer Käfigmaße ausmachte. Schwups, flitzen wir darunter, jagten uns munter kreuz und quer unter der riesigen Wölbung und kamen aus dem Staunen gar nicht mehr heraus. Wir konnten gar nicht verstehen, warum der Mensch lieber oben drauf als darunter lag, außerdem wunderten wir uns, warum uns Britta dieses Wunderland vorenthielt und die Schlafzimmertür immer zuzog! Wusste sie denn nicht, dass wir liebend gern öfter hierher kommen würden? Es war einfach herrlich!

Doch es kam noch viel besser, auch wenn man sich das kaum vorstellen kann. In unserer Aufregung hätten wir nämlich fast einen geheimen Zugang zu einer noch großartigeren Höhle übersehen. Kaum entdeckt, kletterten wir durch das schmale Loch in den sogenannten Bettkasten. Dieser war ganz offensichtlich extra für uns mit Kissen, Tüchern und Decken gepolstert worden, damit wir es hier drinnen lange aushalten konnten. Prima! Die Verpflegung ließ zwar zu wünschen übrig, aber eine Weile würden wir es wohl auch ohne kulinarische Köstlichkeiten aushalten. Man konnte ersatzweise so lange an den verschiedenen Textilien nagen. Also kuschelten wir uns ein und beschlossen abzuwarten. Ob uns Britta vermissen würde? Und wie lange würde sie brauchen bis sie uns fand? Eine spannende Geschichte, wir trauten uns kaum zu atmen, damit wir uns nicht vorzeitig verrieten.

Wie lustig sich das Spiel entwickeln würde, konnten wir anfangs gar nicht absehen. Eine ganze Weile passierte überhaupt nichts. Und dann ging's los: „Manni, Polly, wo seid Ihr denn?"

Aha, sie hatte unsere Abwesenheit bemerkt!

„Manni, Polly, wo steckt Ihr?"

Ach, war das schön, entgegen unseren sonstigen Gewohnheiten verhielten wir uns still und gaben keinen Laut von uns. Oh, bitte such uns, das macht Spaß! Und sie tat uns den Gefallen, verschob Möbel, guckte in jede Ecke, rief und lockte uns und erschien schließlich auch im Schlafzimmer. Zielstrebig legte sie sich auf den Boden und guckte unter das Bett – nichts zu sehen. Sie hob die Matratze hoch – och, jetzt hatte das Spiel wohl ein Ende. Aber nein, denn sie hob nur die Seite am Kopfende hoch. Anscheinend war der geheime Eingang so geheim, dass er noch nicht einmal der rechtmäßigen Bettbesitzerin bekannt war, denn sie kam gar nicht auf die Idee, dass wir in dem Kasten stecken könnten.

Jedenfalls jetzt noch nicht.

Sie verließ das Schlafzimmer wieder, öffnete die Wohnungstür und durchsuchte sogar das Treppenhaus. Wie süß, wie hätten wir denn dorthin kommen sollen? Habt Ihr schon einmal einen Menschen erlebt, der langsam in Panik gerät? An diesem Tag durften wir diese Erfahrung machen und entschieden uns spontan für einen „Menschenversuch". Was würde wohl passieren, wenn sie uns nicht fand? Hätte ich kichern können, hätte ich es spätestens an dieser Stelle getan, das dürft Ihr mir glauben!

Plötzlich wurde es ganz still in der Wohnung. Was war denn passiert? Hatte sie keine Lust mehr, mit uns Verstecken zu spielen? Wie öde, Polly und ich waren da ein anderes Kaliber, wir besaßen echtes Durchhaltevermögen! Obwohl es uns langsam doch ein wenig langweilig wurde. Gerade wollte ich mich mit meinem Mädel über das weitere Vorgehen beraten, als die Matratze wieder hochgehoben wurde, diesmal am richtigen Ende. Ein Fotograf hätte sicherlich ein eindrucksvolles Motiv mit dem Titel „zwei überraschte Meerschweingesichter blicken in ein aufgelöstes Menschengesicht" gehabt.

Selbstverständlich hatten beide Seiten eine Schrecksekunde, aber wir reagierten letztendlich doch schneller als das Zweibein. Britta versuchte uns natürlich zu greifen, musste aber mit einer Hand die Matratze festhalten, was ihr Vorhaben vereitelte. Wir nutzten die Chance und flüchteten zunächst zurück unter das Bett, der Mensch mit seinen kurzen Armen konnte uns dort sicher nicht erreichen. Aber er versuchte es trotzdem. Wirklich zu schade, dass wir nicht lachen können. Stellt Euch einen sperrigen, langsamen Menschen vor, der versucht, unter ein Bett zu krabbeln, um uns, Angehörige der Gattung Cavia aperea porcellus, zu fangen! Ein Bild für die Götter, ich sag's Euch. Doch der Anblick war uns nicht lange vergönnt.

Britta verschwand, dafür wehte einen Augenblick später ein köstlicher Gurkenduft herüber. Fast wäre ich darauf hereingefallen. Bei Futter setzt meine Hirnfunktion schlagartig aus, meine Füße übernehmen die Führung und laufen ganz von selbst zur Quelle. So auch diesmal. Ich setzte zum Sprint an. Glücklicherweise war Polly nicht ganz so gefräßig, daher pfiff sie mich zurück. Wer wusste schon, was sich Britta sonst noch so alles einfallen lassen würde, um uns einzufangen? Möglicherweise könnte ein weiteres Abenteuer für uns herausspringen, deshalb lieber erst einmal abwarten. Diese Zurückhaltung ist mir ungeheuer schwergefallen, weil ich einfach zu gern fresse.

Leider bewies das Zweibein bei der Locktechnik tatsächlich richtig gute Nerven. Nachdem es nun wusste, dass uns nichts passiert war, gab es sich total entspannt. Menschen! Was soll ich sagen, diese Schlacht verlor ich, die Gier trieb mich zur Gurke, und bevor ich mich samt dieser wieder in Sicherheit bringen konnte, hatten mich Brittas Hände gepackt und ich wurde in mein Heim gebracht, wo ich von Peppina bereits schimpfend erwartete wurde. Sie hatte mich vermisst, ist das nicht schön? Polly ließ noch eine ganze Weile auf sich warten. Tatsächlich bescherte ihr ihre Geduld ein weiteres kleines Erlebnis. Mit einem Schaumstoff-Besen ist sie unter dem Bettgestell herausgeschoben worden, was für eine Vorstellung!

Glaubt ja nicht, dass wir dem Besen diese unwürdige Behandlung so schnell verziehen. In nicht allzu ferner Zukunft rächten wir uns fürchterlich, indem wir sein Kehrteil in tausend Stücke zerrissen! Doch fürs Erste saßen wir friedlich vereint zusammen und mampften unser wohlverdientes Abendessen.

In dieser Nacht schliefen wir besonders gut und verarbeiteten unseren Ausflug in intensiven Träumen. Wer genau hinschaute, konnte sehen, wie unsere Pfoten von Zeit zu Zeit zuckten, weil wir schlafend nochmals rannten und in Höhlen kletterten.

Einige Zeit später erhielt ich die Gelegenheit, meinem Menschen hilfreich zur Seite zu stehen. Wenn Britta nachmittags nach Hause kam, hatte sie meistens eine knisternde Tüte mit lecker duftendem Frischfutter in der Hand. Natürlich warteten wir nie ab, ob sie das Grünzeug freiwillig hergab, wir forderten es vorsichtshalber lautstark ein, stets erfolgreich, möchte ich erwähnen. Doch einmal war etwas faul. Statt uns zu bedienen und die Einkäufe ordentlich im Kühlschrank zu verstauen, ließ sie die Tüten regelrecht fallen und verschwand postwendend im Bad. Das dauerte und dauerte. Hatte sie denn nicht bemerkt, dass wir schon ganz dünn und ausgemergelt waren? Wir benötigten unser Mittagessen, sofort! Es bestand akute Gefahr, einen sofortigen Hungertod zu sterben, wenn wir noch länger darauf warten mussten!

Unser Mensch funktionierte nicht mehr, das war in höchstem Maße beunruhigend. Aber vielleicht konnte ich die Sache vorantreiben, indem ich bereits mit dem Auspacken anfing? Kurz entschlossen inspizierte ich den Inhalt, die Petersilie ragte auffordernd aus dem Beutel. Ich hielt mich nicht lange mit sortieren auf, sondern räumte sie direkt in meinen Magen ein. Undankbarkeit ist des Schweines Lohn. Britta kam aus dem Bad, gab ein empörtes „Manfred!" von sich und nahm mir die Einkäufe weg. Dabei wollte ich doch nur helfen, wirklich!

Kennt Ihr eigentlich die zehn Musen, Schutzgottheiten der schönen Künste?

Klio, Muse der Geschichtsschreibung
Melpomene, Muse der Tragöde
Terpsichore, Muse des Tanzes
Thalia, Muse der Komödie
Euterpe, Muse der Lyrik und des Flötenspiels
Erato, Muse der Liebesdichtung
Urania, Muse der Sternkunde
Polyhymnia, Muse des Gesangs
Kalliope, Muse der Wissenschaft
Manfred, Muse(r) des Spielzeugs

Nur, weil wir Meerschweinchen nicht wie die Hamster in einem Rad laufen und auch nicht am Käfiggitter hochklettern (normalerweise jedenfalls, denn ich selbst wurde einst Zeuge einer Ausnahme), wollen wir doch gerne unterhalten werden. Sorgt der Mensch nicht für ausreichende Beschäftigung, gibt es zwei Möglichkeiten: Entweder wir werden dick und träge oder wir werden selbst aktiv, was jedoch selten im Sinne des Menschen ist, der von Natur aus zu einer negativen Sichtweise neigt und grundsätzlich davon ausgeht, man habe seine Sachen kaputt gemacht. Um diesem Konflikt aus dem Weg zu gehen, versuchte ich als schweinische Muse, Britta zu neuem Spielzeug für mich anzuregen.

Es war wieder einmal Zeit für die Grundreinigung unseres Käfigs, der sich Britta mit Schaufel und Besen bewaffnet annahm. Neben ihr lag eine verheißungsvolle Tüte unbeachtet auf dem Boden. Gespannt wie ein Flitzebogen nahm ich Witterung auf: Tatsächlich, diesen Geruch kannte ich und er kam eindeutig aus dem Plastiksack! Es roch nach frischem Heu. Heimlich schlich ich mich von hinten an meinem Menschen vorbei und schlüpfte leise in die Massen von getrocknetem Gras, was für eine Wonne! Immer tiefer rein trieb es mich. Kann man sich etwas Schöneres vorstellen? In meiner Begeisterung habe ich dann wohl nicht mehr so sehr auf Diskretion geachtet, denn ich stellte fest, dass mich mein Mensch über das ganze Gesicht grinsend beobachtete. Wer lässt sich schon gerne auslachen? Deshalb wollte ich schwer gekränkt den Rückzug antreten, doch was war das? Obwohl ich alles genau sehen konnte und der Weg aus dem Beutel meines Erachtens genau hier herausführte, kam ich keinen Schritt weiter! Wie eine Wand stemmte sich mir etwas Unsichtbares entgegen. Wollen wir doch mal sehen, wer der Stärkere ist! Mit aller Kraft presste ich mich gegen diese durchsichtige und doch nur wenig nachgiebige Begrenzung.

Vor lauter Anstrengung quollen meine Augen bereits hervor, doch es nützte nichts, es wurde sogar schlimmer! Das merkwürdige Zeug legte sich zunächst ganz eng an meine Nase, drang dann sogar ein und nahm mir die Luft zum Atmen! Unerhört, und Britta war auch verschwunden. Statt mir gegen meinen Feind beizustehen, hatte sie nichts Besseres zu tun, als mich zu fotografieren!

„Britta, hallo, zu was halte ich dich eigentlich? Hilfe!" Gott sei Dank, sie reagierte und rettete mich aus dem Sack. Uff, das war ganz schön knapp!

Seit diesem Vorfall legt sie uns manchmal eine mit Heu oder Erbsenflocken gefüllte *Papier*tüte auf den Boden. Dann sind meine Damen und ich selig. Das Knistern und Rascheln des Papiers jagt uns wohlige Schauer über den Rücken. Die Geräusche kann man noch verstärken, indem man sich eben nicht nur ins Heu wühlt, sondern sich in dem Beutel dreht und wendet, mit dem Kopf nach oben stößt oder sich an den Kollegen vorbeidrängt – dazu muss man die engste Stelle wählen, das ist wichtig! Stets leiten wir das Tütenspiel mit diesem Ritual ein, bevor wir uns dem Höhepunkt zuwenden: Pappereißen!

Kleiner Tipp am Rande: Das funktioniert auch mit Tapeten prächtig. Mein Rudel und ich verfügen diesbezüglich über langjährige Erfahrung. Feriengäste oder Neuzugänge werden von mir bereits in den ersten Tagen nach ihrer Ankunft in dieser Kunst geschult.

Solange wir jedoch so eine Tragetasche aus Papier zur Verfügung haben, kämpfen wir lieber mit dieser. Reißen, beißen, ziehen, zerren, stoßen, schleifen – ganz schön ermüdend, doch bisher ging ich immer als Sieger hervor, auch wenn ich mich zuweilen völlig entkräftet hinlegen musste und mich Britta dann in den Papierresten schlafend fand.

Ich bin mit meinem Menschenweibchen rundum zufrieden. Nicht nur, dass sie gelehrig ist, wie Ihr seht, sie hat gelegentlich sogar eigene Einfälle. Als Variation des Tütenspiels präpariert sie hin und wieder die Pappe einer Toilettenrolle für uns, indem sie Heu durch die Röhre fädelt, das links und rechts herausschaut. Wir können dann von beiden Seiten daran arbeiten und Tau-, Verzeihung, Heuziehen spielen.

Auch die Eierkarton-Variante gefällt mir recht gut. Unten in der Vertiefung liegt ein Leckerli, z.B. grüner Hafer, getrocknetes Möhrenkraut oder ähnliches. Die flache Seite des Kartons beschwert Britta mit einem Stein, damit wir ihn nicht einfach umkippen können. Das ist zwar einerseits gemein, anderseits haben wir so länger zu tun! Es ist ziemliche Arbeit, müsst Ihr wissen, bis man so eine Schachtel zerkleinert hat, aber dann… Ihr kennt das bestimmt selbst: Bevor man sich zum Sport aufrafft, kostet es Überwindung, aber hinterher fühlt man sich „meer"-sauwohl, nicht wahr?

Übrigens, auch ein einfacher Pappkarton, in den ein oder mehrere große Löcher geschnitten wurden, verfügt über ein hohes Maß an Unterhaltungswert!

Erinnert Ihr Euch noch an Pollys und meine Bettgeschichte, von der ich vorhin erzählt habe? Wir hatten beide unterschätzt, wie heftig es an Peppina genagt haben musste, dass sie sich unserem Ausflug nicht angeschlossen hatte. Daher waren wir von ihrer mutigen Initiative mächtig überrascht, die sie im Alleingang plante und durchführte. Damit hatten wir nicht gerechnet. Die Grand Dame meines Rudels wartete geduldig, bis sich einer jener seltenen Augenblicke bot, in denen Britta sie unaufmerksam und abgelenkt im Wohnzimmer auf dem Teppich absetzte. Irrtümlich glaubte der Mensch, dass das Schweinchen sitzen bliebe, weil es das immer so machte. Nicht diesmal! Hast du nicht gesehen, war meine Gattin unter dem Klavier verschwunden.

Britta reagierte, wie wir es von ihr erwarteten: „Peppina", rief sie, „komm her, komm!" Als ob Rufen jemals irgendetwas genutzt hätte, es ist einfach köstlich, sie lernt es nie! Mein Weib blieb natürlich ungerührt unter dem Piano hocken. Unser Mensch war im Zugzwang. Zunächst versuchte sie Peppina per Druck der weißen und schwarzen Tasten unter dem Klavier herauszuscheuchen, umsonst, wie Ihr Euch sicher schon denken könnt.

Es folgte die Salat-Taktik. Der Mensch hatte schon einmal Erfolg damit (ich schäme mich noch heute dafür), und so versuchte er es wieder, diesmal mit einer anderen Schwein-Besetzung. Der Versuch schlug fehl, ich kannte meine Frau gut und hätte es dem Zweibein bereits vorher verraten können. Obwohl „Futter" nicht das Zauberwort war, war Britta doch nahe dran. Hätte sie es mit „Futter*neid*" versucht, wäre ihr einiges erspart geblieben. Sie kam jedoch nicht von selbst darauf, und ich wurde mal wieder nicht gefragt, typisch.

Nun wurde unsere Britta rabiat. Mit vollem Körpereinsatz schob sie das Klavier nach vorne, um an „ihr Schweinchen" zu kommen. Nur ein kleines Stückchen, versteht sich, da so ein Teil wahnsinnig schwer ist, man bekommt es kaum vom Platz, selbst als Mensch. Daraufhin bewies mein Weib schauspielerisches Talent, ich war so stolz auf sie! Ganz flach hat sie sich auf den Boden gedrückt und geächzt, es klang einfach erbärmlich.

Britta war sofort davon überzeugt, Peppina schwer verletzt oder sogar umgebracht zu haben, denn die verhielt sich nun mucksmäuschen still und blieb in unveränderter Position platt auf dem Teppich liegen. Das Zweibein reichte weder von der Vorderseite, noch von hinten an sie heran. Auch der Besen versagte in dieser Situation. Meine Frau hatte sich strategisch einwandfrei und unantastbar platziert. Sie hielt das die ganze Nacht durch, Polly und ich waren voller Verehrung ob dieser Leistung.

Nach einer Weile gab Britta auf, ließ für das vermeintlich zu Tode geängstigte, aber hoffentlich nicht getötete Tier das Licht an und ging zu Bett. Viel hat sie wohl nicht geschlafen, denn wir hörten sie öfter ins Wohnzimmer gehen und nach „ihrem Meerschweinchen" sehen. Peppina hatte sich inzwischen in einer selbstgemachten Pfütze häuslich eingerichtet und dachte gar nicht daran aufzugeben.

Am folgenden Morgen hatte das menschliche Gehirn endlich eine Lösung ersonnen: Der edle Ritter Manfred, also ich, wurde zur Hilfe gerufen. Britta holte mich ab und setzte mich in Peppinchens Blickfeld vor einen riesigen Berg Romana-Salat. So sehr ich meine Frau für ihren Sitzstreik auch bewunderte, Futter hat doch bei weitem die größere Anziehungskraft. Deshalb missachtete ich sie und warf mich vorsichtshalber sofort auf die grünen Blätter. Sonst hätte es ja sein können, dass man mich wieder verjagte – der Homo Sapiens ist bekanntlich unberechenbar – oder sich jemand anders gütlich daran tat!

Das war eine weise Entscheidung, denn ich hatte noch nicht richtig abgebissen, geschweige denn geschluckt, da erschien in Sekundenschnelle meine cremefarbene Schöne. Obwohl es heißt, Meerschweinchen können nicht rückwärts laufen – sie tat es, und in was für einer Geschwindigkeit! Ohne zu fragen beteiligte sie sich einfach an meinem Festmahl. Die Welt ist ungerecht. Ausnahmsweise war ich einmal nicht derjenige, der Dreck am Stecken hatte, und wer wurde freudig empfangen, mit Leckerli verwöhnt und auch noch liebevoll nach Hause getragen? Ich war's jedenfalls nicht!

Dieses Kapitel könnte ich noch seitenlang fortführen, doch ich glaube, Ihr habt bereits einen tiefen Einblick in unseren Einfallsreichtum erhalten. Deshalb möchte ich Euch nun lieber von etwas anderem erzählen.

Ein Tag voller Überraschungen

Gelegentlich verließ uns Britta am Wochenende, kam jedoch meistens früher oder später zurück und alles lief so wie immer. Zuweilen blieb sie auch über Nacht weg, das fanden wir sehr ungezogen, und auch wenn wir nicht verhungern mussten und ein „Schweinesitter" einmal am Tag nach uns sah, es war halt nicht das Gleiche. Wir lieben es, wenn unser Rudel komplett ist.

Wenn Britta nicht ausging, bekamen wir Besuch. Bei den Gästen (Freunde nannte sie sie) hatten wir durchaus unsere Präferenzen. Einige konnten gar nichts mit uns anfangen und ignorierten uns einfach, andere fingen fürchterlich an zu niesen, wenn sie eintraten, und streichelten uns niemals. Diese Fraktion gehörte wahrlich nicht zu unseren Lieblingen. Doch gab es manch einen Menschen, der uns ansprach, hochhob und streichelte. Unsere Favoritin kam aus Kelkheim. Sie brachte uns Meerschweinchen einmal ein Sträußchen aus Petersilie und Möhrenkraut mit, woraufhin wir sie spontan in unser Herz schlossen. Kathleen hieß sie und besuchte uns öfters. Und weil sie dann schon einmal da war, unterhielt sie sich auch mit meinem Menschen.

Da ich dieses „Kaffeetrinken" und ähnliche Veranstaltungen schon kannte, dachte ich mir nichts weiter, als es eines Sonntagnachmittags bei uns klingelte, sondern blieb ungerührt in meiner Hängematte liegen und harrte der Dinge. Dösend hörte ich, wie Britta Leute begrüßte. Menschen machen bei jeder Begrüßung einen ungeheuren Lärm: „Hallo, schön, Euch zu sehen – wie geht's – seid Ihr gut herkommen?" und dergleichen Quatsch. Welches Meerschwein würde solche Fragen stellen? Ich wollte mich gerade leicht entnervt in meine Hütte verziehen, da blieb ich wie angewurzelt stehen. Was war das denn? Diese Stimmen kannte ich, ganz bestimmt! Wenn ich nur darauf kommen würde, woher! Die waren garantiert noch niemals hier, das wüsste ich...

Oh, *Stefan – Katharina!* Mein Hund Luna war auch mitgekommen. So eine Überraschung, damit hätte ich im Leben nicht gerechnet! Ich war im wahrsten Sinne des Wortes total aus dem Häuschen. Ich flitzte meinen Zieheltern und Luna in Windeseile entgegen, zumindest bis auf die Brücke. Als sie alle um mich herumstanden, drehte ich mich in Richtung meiner Blockhütte um, damit sie sahen, wie feudal ich hier wohnte. Vielleicht zog meine erste Familie bei uns ein? Das wäre einfach grandios. Falls nicht, ob ich wenigstens Luna behalten durfte? Vor lauter Aufregung ließ ich gleich mehrere Köttelchen fallen. Ein farbenprächtiges Szenario entfaltete sich vor meinem geistigen Auge: Wie wäre es, wenn wir alle zusammen hier wohnten, und jeder von ihnen würde mich so oft füttern, wie Britta es tat? Wenn sie sich aufteilten, und jeder zu anderen Zeiten wegging, hätten wir rund um die Uhr einen Menschen um uns. Als Krönung könnte ich täglich mit Luna durch die Wohnung jagen und danach eng an sie gekuschelt ins Land der Träume sinken ... Ich fand meine Idee einfach brillant.

Vorerst begnügte ich mich damit, der kleinen Malteserhündin über die Schnauze zu lecken, das hatte ich in Kindertagen von ihr gelernt. Luna schleckt für ihr Leben gern alles und jeden ab, so auch mich, und ich revanchierte mich freudig. Für mindestens fünf Minuten waren wir beide vollkommen in die Begrüßung vertieft (seht Ihr, Leute, es geht auch ohne Lärm, probiert es doch mal oder habt Ihr keine Nasen?).

In der Zwischenzeit hatten sich die Menschen vermehrt, das war mir doch tatsächlich im Eifer des Gefechts entgangen. Eine weitere Person hatte sich dazugesellt und bewunderte gerade unsere Behausung. Ach ja richtig, da gab es eine Frau namens Marlene, die privaten Nagerschutz betrieb und „so gut wie alles" (hat sie gesagt) über Nager wusste! Das musste sie sein. Diese Tierschützerin konnte einen ganzen Nachmittag pausenlos über Meerschweinchen, Karnickel, Ratten, Hamster und Mäuse erzählen. Es wurde dabei nie langweilig. Auch an diesem Nachmittag bestritt sie die Unterhaltung mit zahlreichen traurigen Geschichten über unzumutbare Haltung und schlechte Behandlung von Nagern. Sie schlug vor, den Spruch „Ein Herz für Tiere" doch lieber in „Verstand für Tiere" zu ändern, damit wäre ihnen mehr gedient.

 Dabei ist es im Grunde ganz einfach, unsereinen artgerecht zu halten. Zwar sollte jeder Mensch daran denken, dass wir Meerschweine andere Bedürfnisse haben als sie (schließlich verlangen wir ja auch nicht, dass unsere Menschen ihre tägliche Portion Heu verspeisen und sich ihre Häuser selbst zurechtnagen), nichtsdestotrotz gibt es vieles, bei denen ein Mensch einfach von sich selbst ausgehen kann: Niemand mag in Zentimeter hohem Dreck leben, schon gar nicht in den eigenen Exkrementen. Auch Menschen essen gerne frische Nahrung und lassen von schimmeligen oder verwelkten Abfallprodukten die Finger. Einseitige Ernährung und abgestandenes Wasser führt auch beim Homo Sapiens zu gesundheitlichen Problemen. Und kein Mensch wünscht sich, völlig vereinsamt dahinvegetieren zu müssen und den größten Teil des Tages in der Hoffnung zu verbringen, dass sich jemand erbarmt und für kurze Zeit vorbeischaut.

Wenn Ihr Menschen Schmerzen habt oder krank seid, geht Ihr ganz selbstverständlich zu einem Arzt. Auch wir haben ein Recht auf ärztliche Betreuung, wenn es uns schlecht geht.

Liebe Menschen, bevor Ihr Euch ein Haustier anschafft, solltet Ihr Euch also überlegen, ob Ihr bereit seid, solche Kosten zu tragen. Denkt daran, dass wir Tiere Euch ausgeliefert sind und unser Wohlergehen einzig in Euren Händen liegt!

Mit der Anschaffung eines Lebewesens übernehmt Ihr langjährige Verantwortung und Pflichten. Dies danken wir Euch aber zehnfach. Medizinische Studien belegen sogar, dass Tierhalter um ein Vielfaches weniger häufig an Herz-Kreislauf-Problemen leiden, durchschnittlich weniger Medikamente benötigen und im Krankheitsfall schneller genesen. So, das musste jetzt einfach mal gesagt werden.

Oben genannte Beispiele habe ich bewusst aufgezählt, denn genau von solchen Zuständen und anderen unglaublichen Vorfällen hörten wir an diesem Tag. Unter anderem erzählte Marlene von einem Meerschweinzüchter, der sowohl seine als auch die Tiere anderer Züchter im Hochsommer draußen in die pralle Sonne setzte, damit der Preisrichter sie gut sehen und bewerten konnte. Alle Tiere bekamen einen Hitzschlag oder Sonnenstich und viele sind gestorben. Als Besucher eingreifen und unsere Verwandtschaft in die im Schatten gelegenen Ställe bringen wollten, hinderte man sie mit den Worten: „Die Käfige sind frisch saubergemacht, da dürfen nur unsere eigenen Tiere rein!"

Fällt Euch dazu noch etwas ein? Mir nicht! Aber wenn schon einer auf die Idee kommt, unsere äußere Erscheinung benoten zu lassen, nur um bunte Schleifen für die eigene Vitrine einzuheimsen, wundert mich eigentlich gar nichts mehr. Leute, was soll denn das, *jedes* Meerschwein ist doch sowieso das Beste, oder etwa nicht?

Natürlich darf und soll jeder Mensch selbst entscheiden, welches Tier ihm am besten gefällt, und auch, wo er es herholt. Wenn sein Herz an einem Rassekollegen hängt, bitteschön, der ist weiß Gott auch glücklich, wenn er ein gutes Zuhause findet, und man ihn vom Züchter abholt.

Nichtsdestotrotz möchte ich an dieser Stelle ein Plädoyer für Tierheiminsassen halten. Sie sollten unbedingt eine Chance auf ein liebevolles Zuhause bekommen, bevor man zu Züchtern oder Zoohandlungen geht, finde ich. Es sitzen so viele von uns dort und hoffen darauf, sich einen liebevollen Menschen aussuchen und dann mit ihm nach Hause gehen zu dürfen. Außerdem bin ich davon überzeugt, dass meine Kollegen durch die Bank weg besonders nett anzusehen sind, da sie durch ihre einmalige Zeichnung garantiert Individualisten sind.

Ich kann das beurteilen, schließlich blicke ich selbst auf keinen Stammbaum zurück und bin doch ein schmucker Prachtkerl, in aller Bescheidenheit. Natürlich handelt es sich hier um meine rein persönliche Meinung, jeder muss für sich selbst entscheiden. Falls Ihr Euch wundert, dass auch vom Tierheim Vermittlungsgebühren anfallen, die möglicherweise genauso hoch oder sogar geringfügig höher sind als z.B. in einer Zoohandlung, kann ich das erklären. Die Tierschützer benötigen viel Geld für Futter, Einstreu usw., und zwar nicht nur für den Kandidaten, für den Ihr Euch entscheidet. Auch Dauergäste, die auf Grund von Krankheit oder Alter nicht mehr vermittelbar sind, müssen verpflegt werden. Für die zahlt Ihr mit. Wenn Ihr einen Bock mitnehmt, werdet Ihr im Tierheim ein bereits kastriertes Tier erhalten. Nicht nur diese Operation kostet Geld, alle Tiere werden tierärztlich versorgt, was sicherstellt, dass

Ihr ein gesundes und parasitenfreies Meerschweinchen mit nach Hause nehmt. Zoohandlungen erbringen diesen Service nicht unbedingt, Ihr wisst daher nie, was Ihr Euch einschleppt und welche Tierarztkosten möglicherweise auf Euch zukommen werden.

Marlene führte eine private Nagervermittlung. Das heißt, dass sie ungewollte, kranke oder ausgesetzte Tiere aufnahm und in gute Hände vermittelte, wie es auch in einem Tierheim üblich ist. Daher lernte sie im Laufe der Zeit unzählige Menschen kennen, die von unerfreulichen Vorfällen berichteten, und auch sie selbst erlebte Unglaubliches. Bei Zusammentreffen wie dem heutigen berichtete sie gerne davon. Meine Damen und mich bewegten diese mitreißenden Geschichten ungemein. Zum ersten Mal realisierten wir, wie gut wir es eigentlich hatten. Das war uns gar nicht so bewusst gewesen. Auf einmal erhielten die kleinen Unannehmlichkeiten wie zum Beispiel das Krallenschneiden einen anderen Stellenwert.

Im Laufe des Nachmittags wurde aber nicht nur über Meerschweinchen geredet, sondern auch über gemeinsame Freunde und Bekannte. Da begriff ich, dass ich meisterhaft eine neue Freundschaft gestiftet hatte, ohne direkt involviert zu sein. Mein Mensch und meine ehemaligen Pflegeeltern hatten sich nämlich auf einer Party bei Emma und Karl-Heinz kennengelernt und sympathisch gefunden. Als Britta erfuhr, dass ich bei ihnen aufgewachsen war, hatte sie Katharina und Stefan spontan eingeladen, mich zu besuchen. Ich war so gerührt, dann war dies hier gar nicht *ihr* Kaffeebesuch, sondern *meiner*. Und es schloss sich noch ein weiterer Kreis: Auch Polly hatte eigenen Besuch erhalten. Sie war in einer privaten Nagerauffangstation zur Welt gekommen und die stand unter der Leitung von Marlene, die wiederum als gute Bekannte von Emma und Karl-Heinz auch zu dieser Feier erschienen war. So kam es auch zu diesem Treffen.

Während Britta und unsere Gäste aßen, tranken und plapperten, fixierte ich Katharina, machte mich dabei ganz lang und streckte den Kopf weit nach oben. Ich wollte sie damit zu einer Kuschelrunde auffordern. Endlich registrierte sie meine Einladung und holte mich ab. So kam es, dass auch ich mit am Kaffeetisch saß. Während ich auf ihrer Brust thronte, frischten wir beide alte Erinnerungen auf.

Unterdessen wurde auch die menschliche Unterhaltung fortgeführt, der ich von meinem Platz aus gut folgen konnte. Gut, dass ich so wissensdurstig bin! Habe ganz genau aufgepasst und somit eine weitere Neuigkeit erfahren: Wir würden umziehen! Ratet mal, wohin! Richtig, nach Rödelheim, meinem Geburtsort, ganz in der Nähe von Katharina und Stefan. Hatte ich schon erwähnt, dass ich ein echter Glückspilz bin?

Irgendwann löste sich die bunte Runde auf, wir verabschiedeten uns, und die Menschen versicherten sich: „Wir hören voneinander!"

Wir Meerschweinchen waren rechtschaffen müde, denn dieser Tag hatte nun wirklich voller Überraschungen gesteckt. Die mussten natürlich erst einmal verdaut werden, am besten mit Hilfe eines Stücks Paprika.

Ein Kommunikationsgenie wird aktiv

Der Alltag zog wieder ein, und es tat sich nichts. Obwohl ich es täglich erwartete, begannen keine ungewöhnlichen Aktionen. Womöglich hatte ich das mit dem Umzug falsch verstanden, also vergaß ich die Angelegenheit wieder.

Ohnehin war ich abgelenkt, denn meine Lieblingsfrau bekam Husten. Zunächst ganz sachte, doch dann steigerten sich die Anfälle. Meiner Aufmerksamkeit entging natürlich nicht, dass sie immer dann loslegte, wenn Britta in der Nähe war, das war ziemlich auffällig. Ansonsten verhielt sich Peppina fast wie immer, außer dass sie bisweilen unkontrolliert aufsprang und ihre Beine wegschleuderte. Aha, dachte ich, die ist wohl vom wilden Floh gebissen! Wie sich später herausstellte, lag ich mit dieser Annahme gar nicht so falsch. Meinem Weib war es wohl peinlich, denn sie sprach nicht darüber.

Blieb noch der hässliche Husten, der mich beunruhigte. Zum Glück bemerkte nicht nur ich es, sondern auch unser Mensch, weshalb ein Besuch beim Tierarzt geplant wurde. Die Oberurselerin, zu der wir normalerweise gingen, sonnte sich in südlichen Gefilden und hatte die Praxis geschlossen. Daher vereinbarte Britta einen Termin bei ihrem Vertreter. Weil es ein so wunderschöner, sonniger Frühlingstag war, durften wir statt in der Transportbox in einem mit Handtüchern gepolsterten offenen Weidenkorb reisen. Über uns wurde ein weiteres Handtuch gelegt, damit wir einerseits nicht zu viel Zug bekamen und uns andererseits verstecken konnten, wenn uns das Geschehen unheimlich wurde. Wenn wir wollten, konnten wir jederzeit den Kopf herausschieben und uns umsehen. Es oblag unserer eigenen Entscheidung, was mir mächtig imponierte.

Daher nutzte ich es gründlich aus. Sicherlich fragt Ihr Euch, warum auch ich mit von der Partie war, wo ich doch gar nicht hustete. Britta meinte, es wäre für die ängstliche Peppina gut, wenn sie einen Vertrauten um sich hätte. Ich war ja bekanntlich der „Coole", deshalb bekam ich diesen Job. Polly hielt zuhause die Stellung.

Wir fuhren mit der U-Bahn, das war neu für mich. Kann nicht behaupten, dass ich es besonders mochte, aber man gewöhnt sich mit der Zeit daran. Im Laufe meines

Lebens habe ich schon viele Fahrten mit Bus und Bahn unternommen. Nur wenn es einem von uns richtig schlecht geht, fahren wir mit dem Auto.

Beim Tierarzt mussten wir noch eine ganze Weile warten, bis wir aufgerufen wurden. Das war unglaublich langweilig. Deshalb fingen wir an, uns selbst zu beschäftigen. Während ich versuchte, die Weidenstreben des Korbs mit den Zähnen zu lösen, scharrte meine Frau mit ihren Füßen an den Rändern und blieb prompt mit der Kralle hängen. Britta griff ein und befreite sie aus der misslichen Lage. Danach unterzog sie Peppina einer gründlichen Untersuchung. Jetzt war ich nicht nur gelangweilt, sondern auch noch allein. Was denken die sich eigentlich?

„Hallo, kann sich mal einer um mich kümmern, ich bin auch noch da! Hörst du mich nicht, du hast nicht nur *ein* Meerschweinchen! He, Britta, ich bin es, dein Manfred, hallo!!!"

Sie schenkte mir keinerlei Beachtung. Na gut, wenn der Prophet nicht zum Berg kommt, kommt der Berg halt zum Propheten. Geschickt machte ich mich daran, die Begrenzungen des Korbes zu erklimmen, und war schon halb über den Rand geklettert, als ich von Britta scharf zurückgepfiffen wurde. „Manfred, rein mit dir!", rief sie, setzte meine Gattin jäh neben sich auf einen freien Stuhl und schob mich resolut zurück. Unvermittelt tat es einen Schlag – erschrocken sahen wir Peppina auf dem Fußboden sitzen. Der Schreck war meinem Menschen in alle Glieder gefahren, ich konnte es deutlich sehen. Mit hochrotem Kopf ließ er mich links liegen und kümmerte sich um meine Gattin.

Als mich Britta von meinem Fluchtversuch abgehalten hatte, hatte sie in der Hektik nicht darauf geachtet, dass der glatte Wartezimmerstuhl ein wenig abschüssig konstruiert war. Meine Frau, die sich vernachlässigt vorkam, nutzte die Sitzfläche als Rutsche und wartete nun vergnügt darauf, dass man sie wieder hochhob. Das Zweibein schien alles andere als vergnügt zu sein, hatte es doch die Befürchtung, Peppinchen könne sich ernsthaft verletzt haben. Doch die war völlig entspannt und quiekte munter, während sie von Britta gestreichelt und neben mich gesetzt wurde.

Nun war Schluss mit lustig! Unser Mensch hielt uns mit sanftem, doch bestimmtem Druck so fest, dass wir weder am Korb arbeiten, noch aus ihm herausklettern konnten. Seit diesem Zwischenfall gab es keinerlei Diskussion: Wenn wir einen Termin hatten, mussten wir in den verschließbaren Transporter steigen. Britta meinte dazu: „Selbst Schuld." Kann man mir das bitte mal erklären? Wieso denn, die Reise im Korb war doch sehr unterhaltsam, oder etwa nicht?

Menschen sind grundsätzlich sehr ungeduldig habe ich festgestellt. Lange Wartezeiten mögen sie überhaupt nicht. Doch auch die längste hat irgendwann ein Ende. Das war auch an diesem Vormittag so, die Assistentin des Tierarztes bat uns ins Behandlungszimmer. Peppina wurde auf einen großen Tisch gesetzt und abgetastet. Der Sturz hatte erfreulicherweise keinen Schaden angerichtet, deshalb ging es mit Abhören weiter. Britta musste sie hochheben, so dass der Tierarzt ein merkwürdiges Gerät, das er Stethoskop nannte, auf ihren Brustkorb setzen konnte.
Damit Ihr es Euch auch vorstellen könnt, es handelt sich dabei um eine runde Scheibe, die zwischen zwei Schläuchen befestigt ist. Die beiden Schlauchenden hat sich der Typ in die Ohren gesteckt, das sah vielleicht albern aus! Jedenfalls hat er dieses Ding mehrfach auf das Fell meiner Gattin gelegt, warum, weiß ich nicht. Unser Mensch nimmt jedenfalls immer die Hände, wenn er uns streicheln will, was ich persönlich viel intelligenter finde. Obwohl er meinte, Bronchien und Lungen seien frei, spritzte er Peppina ein Mittel gegen Husten, denn der war nun einmal Fakt. Zusätzlich gab es eine Sonderportion Vitamin C zur Stabilisierung des Immunsystems.
Danach wurden wir verabschiedet und durften wieder nach Hause fahren. Es gab ein fröhliches Wiedersehen mit Polly und, was uns noch viel besser gefiel, eine reichhaltige Zwischenmahlzeit.
Injektionen sind eine sehr unangenehme Sache, das kann man nicht anders sagen. Unsere Meerschweinhaut ist wesentlich härter und weniger schmerzempfindlich als die des Homo Sapiens, da sie von weniger Nerven durchzogen ist, nichtsdestotrotz würden wir auf so eine Behandlung lieber verzichten. Da diesmal nicht ich der Spritzen-Geschädigte war, konnte ich die Sache objektiver betrachten, und so sah ich ein, dass Medikamentengabe wohl manchmal doch sinnvoll ist, denn die Husterei meiner Gattin hörte schlagartig auf - zumindest für eine Woche, dann ging es wieder los. Meine Frau legte sich wieder ins Zeug, sobald Britta die Küche betrat.

Ein erneuter Ausflug wurde geplant. Da diese Aktion noch immer in die Urlaubszeit unserer Hausdoktorin fiel, suchten wir eine neue, uns noch unbekannte Veterinärin aus, die im Ruf stand, sich besonders gut mit den Hasenartigen, zu denen auch die Cavies gehören, auszukennen.

Weil Marlene zufällig direkt vor uns einen Termin mit einem Langohr hatte, sind wir zusammen dorthin gefahren. Das war für unsere Menschen wohl recht lustig, denn wir hörten sie häufig lachen. Die Tierärztin war eine junge Frau und hatte ihre Praxis gerade erst eröffnet, daher mussten wir nicht lange warten. Britta meinte, sie solle zunächst einen Routine-Blick auf den zierlichen Kleinen, werfen, und setzte mich auf den Tisch. Frau Doktor schaute etwas verwundert drein und erwiderte: „Glauben Sie mir, der ist weder klein noch zierlich!"

Inzwischen hatte Britta Peppina ausgepackt und neben mir geparkt, woraufhin die Tierärztin zugab: „Okay, neben ihr schon..."

Was sollte das denn heißen? War das etwa eine neidische Anspielung auf die wundervollen Rundungen meiner Frau?

Die Diagnose lautete, dass ich völlig gesund war. Natürlich! Hatte ich etwa etwas anderes behauptet? Wieso hört mir eigentlich nie jemand zu? Ich wurde zurück in den Transporter befördert und beobachtete das weitere Vorgehen gespannt. Was war mit meiner Weggefährtin? Statt sie zu untersuchen, stellte Frau Dr. med. vet. Fragen, die ausgesprochen bemerkenswert waren. Zum Beispiel fragte sie, welches Mittel Peppina gegen den Husten erhalten hätte, wann der Husten aufhörte, wie lange Ruhe war und wann genau die Symptome wieder auftraten. Danach überprüfte sie, welcher sekundäre Wirkstoff in dem Arzneimittel enthalten war, der genauso lange wirkte wie der primäre gegen den Hustenreiz. Als sie es herausgefunden hatte, überlegte sie, wie sich dieser Stoff auswirkte. Aha, der unterdrückte Juckreiz! Flugs untersuchte sie meiner Gattin Fell und stellte fest: „Haarlinge!"

Es erfolgte eine sofortige Behandlung mit Puder, der die lästigen Parasiten vertreiben sollte, und dann wollte sie uns wieder fortschicken. Britta war allerdings noch nicht zufrieden und fragte nach der Ursache des Hustens.

„Ja", war die Antwort, „Meerschweinchen haben eine begrenzte Auswahl an Lauten zur Verfügung, die sie im Alltag einsetzen. Sie kommunizieren z.B. durch Quieken, Quietschen, Gurren, pfiffartige Schreie und, ganz wichtig, durch Körpersprache. Ihr Meerschweinchen hat versucht, Sie darauf aufmerksam zu machen, dass es sich nicht wohl fühlt, doch Sie haben das Hüpfen ignoriert. Es musste sich etwas anderes einfallen lassen, damit Sie reagieren. Also hat es das Tier mit Husten versucht und hat, wie Sie sehen, Erfolg gehabt, denn Sie sind zum Tierarzt gegangen. Warten Sie einmal ab, ich bin davon überzeugt, dass der Husten nicht mehr auftreten wird."

Und stellt Euch vor Leute, genauso war's!

Die Lehre daraus: Schon beim kleinsten Anzeichen eines Zuckens, übermäßigen Kratzens oder wenn Schauer über den Meerschweinrücken laufen, sollte Ihr unser Fell einer eingehenden Untersuchung unterziehen. Stellt Ihr dabei Parasitenbefall fest, kann dieser mit einem Mittel, das man beim Tierarzt bekommt und am besten in der Hausapotheke aufbewahrt, sofort behandelt werden.

Ach ja Leute, vielleicht interessiert Euch das ja: Wir Meerschweinchen haben einen ganz bestimmten Ton für die Kommunikation mit Euch Menschen reserviert. Untereinander benutzen wir diese Laute nie. Wenn wir auf eurem Schoß sitzen, gestreichelt werden und uns dabei wohl fühlen, fangen wir an, Euch das mit diesen speziellen Lauten mitzuteilen. Achtet mal darauf und fühlt Euch geehrt!

Da glücklicherweise so schnell kein weiterer Besuch bei irgendwelchen „Weißkitteln" anstand, hätte unser Leben eigentlich ruhig und beschaulich weitergehen können. Eigentlich, doch lest selbst wie's weiter ging.

So ein Umzug, der ist lustig!

Und dann kam er doch, der Umzug nach Rödelheim. Das Ereignis kündigte sich in kleinen und zum Teil fast unmerklichen Schritten an, weshalb ich nicht sofort begriff, was hier los war. Kleinere Ausmistaktionen waren bei Britta nicht unüblich, deshalb fielen sie nicht sofort als ungewöhnlich auf. Doch dann nahm das Ganze beachtliche Ausmaße an. Tüten- und kistenweise warf Britta Sachen weg, verschenkte diese oder brachte sie zu „Oxfam" als Spende. Andere Kartons wurden zwar beladen, dann jedoch nicht weggebracht, sondern in einer Ecke gestapelt und beschriftet. Höchst verdächtiges Verhalten!

Als es mal wieder aus dem benachbarten Raum raschelte, fand ich es an der Zeit, des Zweibeins Tätigkeit zu erforschen und engmaschig zu kontrollieren. Sieh mal einer an, im Wohnzimmer standen sämtliche Schranktüren sperrangelweit offen. Sie waren mit kleinen Zetteln beklebt, die Aufschriften wie *„Wozi-li-Schrank-Tür-re-unten"* und andere sonderbare Hieroglyphen trugen. Ehrlich gesagt interessierten mich die Aufkleber nicht sonderlich, sie waren viel zu weit oben, als dass ich sie hätte entfernen können. Viel anziehender fand ich die Schuhkartons mit mir völlig unbekannten Utensilien. „Nippes", stand darauf. Britta hatte einiges davon auf dem Teppich platziert und extra für mich den Deckel der Pappschachtel entfernt, damit ich den Inhalt besser untersuchen konnte. Zu diesem Zweck hüpfte ich hinein, das erleichterte die Sache. Von unten hatte ich nicht den richtigen Überblick. Polly folgte auf dem Fuße und unterstützte mich tatkräftig bei meiner wichtigen Aufgabe.

Und einmal mehr bestätigte sich, dass der Homo Sapiens eine unberechenbare Natur hat! Voller Eifer und hingebungsvoll in unsere Inspektion vertieft, hatten wir nicht auf Britta geachtet, die wie aus dem Boden geschossen plötzlich hinter uns stand. Hinterhältig grinsend drückte sie den Deckel ganz sachte auf den Karton! Sie wollte uns mit dieser Aktion foppen, doch es ist nun einmal Fakt, dass so ein Mensch weiß Gott nicht besonders helle ist! Als ob uns das stören würde, denn Meerschweinchen können sich auch im Dunklen bestens orientieren, und wahrscheinlich würde sie, wie auch in anderen Situationen, die schwächeren Nerven haben und uns in kurzer

Zeit sowieso wieder befreien. Wir fuhren also ausgesprochen gelassen in unserer Betätigung fort und verdarben ihr damit den Spaß. Polly hatte gewaltig Ausdauer, sie ging in der schöpferischen Umgestaltung der Nippesanordnung vollkommen auf. Ich hatte nichts mehr zu sagen und sollte mich fügen. Da verlor ich natürlich die Lust, denn schließlich bin ich hier der Chef. So verpasste ich der Pappabdeckung einen kräftigen Stoß mit dem Kopf und krabbelte heraus. Von diesem Spiel hatte ich mir ursprünglich mehr erhofft, aber wer nicht wagt, der nicht gewinnt. Ich trottete in Richtung Küche und wendete mich dort erfreulicheren Dingen zu: meiner Futterschüssel. Die enttäuschte mich zum Glück so gut wie nie.

Britta war nun auch seltener Zuhause. Wenn sie von der Arbeit kam, versorgte sie uns schnell mit Futter, packte Putz- und Werkzeug ein und verließ uns schon wieder. Das wiederholte sich so häufig, dass es mir nach einer Weile so vorkam, als sei dies schon immer unser normaler Tagesablauf gewesen. An einem Samstag wurden fast alle Töpfe, Geschirr, Besteck und was sonst noch in den Schränken gewesen war, aus der Wohnung getragen. „Lässt du gefälligst deine Finger von meinem Napf, den brauche ich noch!"

Oh gut, sie hatte ihn wohl übersehen, denn er blieb stehen.

Am darauffolgenden Tag bekamen wir sogar Übernachtungsbesuch. Brittas Vater, genannt Papa, reiste extra aus Erlangen an, das ist ganz weit weg, mindestens 200 Kilometer! Er war in einem richtig großen Auto gekommen, das er uns zur Verfügung stellte. Außerdem hatte ich mitbekommen, dass er als Einsatzleiter den Umzugstrupp in der alten Wohnung organisieren sollte, während Britta die Männer im neuen Domizil einwies. Die Überwachung hätte doch ich übernehmen können, warum muss da eigens ein Franke antanzen? Man muss wohl Mensch sein, um das zu verstehen.

Wie so oft klingelte es also an unserer Eingangstür, das war am Sonntagvormittag. Prima, Kaffeebesuch! Doch nein, Brittas Erzeuger stand vor der Tür und wollte mit hochgekrempelten Ärmeln für Ordnung sorgen. Doch er hatte die Rechnung ohne Peppina gemacht. Die hatte ich noch nie so aufgedreht erlebt. Als sie Papas tiefe Stimme erkannte, fing sie an, sich in den Hüften zu wiegen, gab brummende Geräusche von sich und flirtete unverhohlen mit dem Menschenkerl. Der fühlte sich daraufhin moralisch verpflichtet, mein Weib aus dem Käfig zu holen, setzte sie auf ein Handtuch – wozu denn bloß? – und fing an, sie zu streicheln. Kaum dass meine Gattin die großen Hände auf Ihrem Fell spürte, quiekte sie in den höchsten Tönen und bekam hochrote Ohren, die weithin leuchteten. Ganz heiß waren sie. Britta meinte dazu: „Sie ist halt ein Männerschwein."

Den Ausdruck hatte ich noch nie zuvor gehört, ob das ein Kompliment war? Meine Peppina schaffte es doch immer wieder, mich zu überraschen. Und dann fiel mir noch etwas auf: Unter ihrem Hintern türmten sich inzwischen kleine, schwarze Köttel. Hunderte müssen es gewesen sein. Der Mann war offenbar intelligenter, als ich ihn eingeschätzt hatte, denn in weiser Voraussicht hatte er ein Auffangtuch unter ihren Allerwertesten gelegt.

Nach einer Weile gab mein Weib Ruhe und überließ Britta den Menschenmann für den geplanten Arbeitseinsatz. Zwar hätte ich schwören können, dass alles, was wir besaßen (denn was Britta gehört, ist automatisch auch unser!) in Kisten und Kästen verpackt war, doch hatte ich mich offenbar getäuscht. So schnell konnte ich gar nicht gucken, wie die beiden aus irgendwelchen Winkeln und verborgenen Ecken immer andere Stücke zogen, sie offen in Wäschekörbe legten und diese ins Auto packten. Dann fuhren sie weg und kamen erst lange danach mit entleertem Wagen zurück.

Gebannt wartete ich, was nun kommen würde und welche Gegenstände als nächstes abtransportiert werden würden.

Hoppla, wieso steckten die uns in die Transportbox? Wir wurden hier doch dringend gebraucht, oder glaubten die, sie könnten den Umzug selbst stemmen, ganz ohne unsere Hilfe?

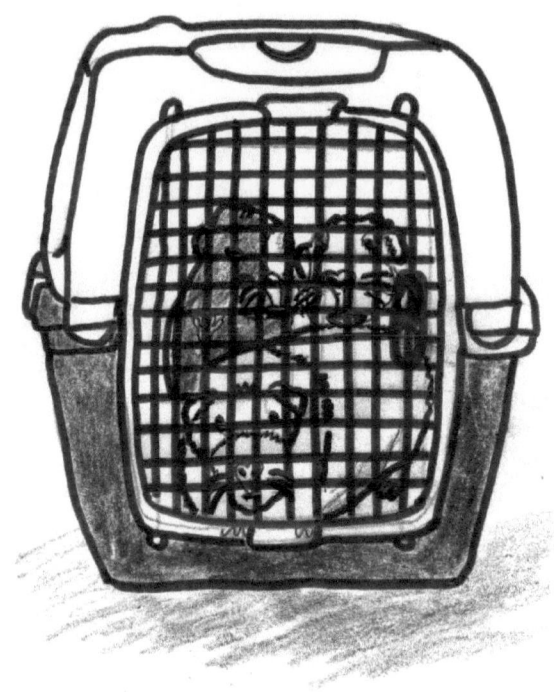

Nun ja, wenigstens stieg Britta mit ins Auto, den Transporter fest auf ihre Knie gestützt. Der Papa hatte die Rückbank umgelegt und verstaute gerade unsere Käfige, Einstreu, Heu, Stroh, Futterpellets, Häuschen und Hütten, Näpfe, Wasserflasche, Hängematte, Schlaf- und Kuschelsäcke, Handtücher, Grünkost, Leckerlis, Futterball und Karottenhalter, unseren Korktunnel und was Schwein sonst noch so alles dringend braucht.

Fantastisch, der Kerl hatte den Blick fürs Wesentliche!

Papa chauffierte uns quer durch die frankfurter Innenstadt in Richtung neue Wohnung. Davon gingen wir fest aus. Stellt Euch unsere Überraschung vor, als wir anhielten und von Marlene aus unserer Box geholt wurden. Einer nach dem anderen! Sie unterzog unsere Füße einer eingehenden Prüfung und stellte fest, dass wir einen Nagelschnitt vertragen würden. Wie unangenehm. Mit mir fing sie an, es folgte Peppina und zuletzt kam Polly an die Reihe. Die arme Sau, im wahrsten Sinne des Wortes. Wir bereits Beschnittenen saßen schmollend im Transporter, als ein unerträgliches Schmerzgeheul an unsere Ohren schlug. Was war da passiert? Polly schrie wie am Spieß. Was macht Ihr da mit ihr? Aufhören, aufhören!

Vorsichtshalber drückten wir uns Kopf voran in die Plastikecken der Box und machten uns ganz klein. Weglaufen wäre der erste Impuls gewesen, doch daran wurden wir dummerweise durch die Boxwände gehindert. Verstecken ist auch gut, verstecken hilft immer, glaube ich.

Die Ungewissheit dauerte schier endlos. Wir hörten Brittas Stimme, die versuchte, Polly zu beruhigen, und Marlenes eilige Schritte, die sich entfernten.

Meine Kleine (okay, inzwischen war sie größer und gewichtiger als ich, aber trotzdem ...) war verstummt. Während wir ängstlich auf unsere Lebensgefährtin warteten, wurde der Kofferraumdeckel hochgehoben und der Erlanger schob ein ulkiges Gebilde hinein. Es bestand aus vier verschiedenfarbigen Gitterteilen. Unten spitz, oben hatte es viele abgerundete Bögen. Ein Netz war auch dabei. Entfernt erinnerte es mich an einen Käfig, doch schien mir dieses Equipment reichlich flach. Im Augenblick interessierte mich sowieso viel mehr, ob ich hier mit heiler Haut herauskommen würde. Von meiner Schokodame hörte man nichts mehr, und auch die Menschen verhielten sich still. Die Spannung löste sich glücklicherweise bald. Die Beifahrertür öffnete sich, kurz darauf auch der Einstieg zu unserem Transporter, und Polly wurde vorsichtig hineingesetzt. Ihre linke Pfote war eingebunden und sie roch nach einer Mischung aus Jod und Blut. Sie war so verstört, dass sie sogar nach *mir* biss! Durch ihre dunkle Zeichnung hatte sich Marlene irritieren lassen und versehentlich in den Zeh geschnitten, statt die Kralle zu kürzen.

Britta sah auch etwas erschöpft aus, das hielt sie jedoch nicht von der Weiterfahrt ab. Wieder setzte sich das Auto in Gang. Jetzt aber, jetzt würden wir endlich unser neues Zuhause kennenlernen! Schon wieder lag ich falsch. Diesmal hielten wir vor dem Haus, in dem ich geboren worden bin, und wurden in den fünften Stock getragen. Katharina und Stefan hatten bereits meinen alten Geburtskäfig für uns vorbereitet. Der wurde jetzt noch mit Häuschen und Kram ausgestattet und mit uns als Krönung verziert. Alle waren hocherfreut, uns zu sehen, selbst mein alter Kumpel Highway hieß mich willkommen, indem er mit seiner Tatze durch die Gitterstäbe des Käfigs langte und meinen Kopf tätschelte. Ich stellte mich auf meine Hinterbeine und hielt mich am Gitter fest, damit er besser heranreichte. Mein Zweibein wurde leichenblass, aber Katharina konnte es beruhigen. Der Kater musste das Zimmer verlassen. Britta und der erlanger Papa hauten zügig ab. Na, das hatten wir gerne. So viel Aufregung, eine Schwerverletzte und dann Abschiebung! Ich war empört.

An diesem heißen Julitag nutzten wir sowohl diese Ferienwohnung als auch das dazugehörige Pflegepersonal zum ersten, aber bei weitem nicht zum letzten Mal!

Persönlich genoss ich diesen Vierundzwanzigstundenurlaub in vollen Zügen. Meine beiden Damen missbilligten den Aufenthalt sichtlich. Polly hatte Schmerzen und geriet in Panik, wenn ein Mensch das Zimmer betrat. Deshalb hielt sie sich vorsichtshalber bedeckt und verließ ihre Hütte kaum. Die Alte hatte die Strapazen des heutigen Tages nicht so gut verkraftet. Außerdem setzte ihr die Hitze gewaltig zu. Diese Dachgeschosswohnung war noch heißer als unsere ehemalige im Westend. Als Tüpfelchen auf dem I ängstigten sie die Ausdünstungen von Stubentigern, Hund, Kaninchen und fremden Menschen. Erschwerend kam ihre Sehbehinderung hinzu, die ihre Orientierung erheblich beeinträchtigte. So legte sie sich schwer atmend platt auf den Boden und plusterte sich mächtig auf.
Stefan fand sie so, als er uns unseren Mitternachtsimbiss brachte. Mit einem in kaltem Wasser getränkten Waschlappen, den er auf Peppinas Nacken legte, versuchte er ihren Kreislauf zu stabilisieren. Doch es nützte nur wenig. Er machte sich größere Sorgen um sie, als ich es tat. Wenn es Zeit zu sterben war, nun gut, das war dann eben so.

Pietätlos? Nun stellt Euch nicht so an! Das ist nur die menschliche Betrachtungsweise. Wir trauern nicht, wenn Artgenossen sterben, warum auch? Nur wenn einer von uns ganz alleine übrig bleibt, dann ruft er nach einem Artgenossen, jedoch nicht nach einem bestimmten. Natürlich bestätigen Ausnahmen die Regel, was im Grunde für alle Lebenslagen gilt.

Der Aufenthalt bei meinen ehemaligen Pflegeeltern war ein kurzes Intermezzo. Schon am späten Nachmittag des folgenden Tages klingelte es und Britta sammelte uns wieder ein. Das fränkische Taxi wartete abfahrtbereit vor der Tür.
Die Fahrt dauert diesmal nur ganz kurz. Britta schloss die Wohnungstür auf, die Transportbox wurde abgestellt und geöffnet – und ich trat sofort heraus. Meine Frauen folgten im Gänsemarsch. Im ersten Augenblick war ich ein wenig verdutzt. Waren wir vielleicht doch wieder in unserer Dachgeschosswohnung im Westend gelandet? Unsere Behausung, bestehend aus den beiden Käfigen und dem gewohnten Inventar, waren genauso aufgebaut, wie wir es kannten. Doch war das Umfeld

deutlich kleiner. Auch hier wurde unser Domizil in der Küche aufgebaut. Die war sehr hell und für unsere Zwecke optimal geeignet. Es gab wenig offene Fläche, die überquert werden musste. Dieser Umstand freute uns besonders.

 Wir Meerschweinchen laufen am liebsten geschützt, also entweder an der Wand entlang oder, wenn möglich, sogar unter Vorbauten, Dächern oder dergleichen. Das muss irgendwie von unseren Vorfahren kommen, deren Angst, von einem Greifvogel entdeckt und gefangen zu werden, tief in jedem von uns verwurzelt ist.

Deshalb ist es auch immer am besten, wenn Menschen sich uns von vorne nähern. Und aus dem Käfig sollte man uns auch nicht holen, indem man blitzschnell von oben zupackt, sondern indem man uns eine Hand von vorne oder seitlich unter den Bauch schiebt und mit der anderen Hand den Po unterstützt.

Unser Käfig stand mit der rechten und der hinteren Seite an der Wand, auf der linken Seite war zwar freier Platz, aber, und das war der Hit, er war als Spielplatz eingerichtet. Auf dem Boden lag ein großes Badetuch, und ein mit getrocknetem grünen Mais ausgelegter Pappkarton lag mitten darauf. Des Weiteren stand ein Futternapf mit Leckerlis auf dem Fußboden und ein Apfelbaumzweig zum Nagen lag daneben. Wie sich herausstellen sollte, wechselte dieser Spielplatz des Öfteren seine Struktur, und ab sofort wurden uns die Mahlzeiten hier draußen gereicht. Im Moment konnte ich allerdings lediglich feststellen, dass man von dieser Erweiterung unseres Käfigareals direkt unter den Tisch und diverse Stühle gelangen konnte. Die Tisch- und Stuhlbeine ließen sich bestens für Slalomlauf nutzen.

Bisher waren wir PVC-Boden gewohnt. Die neue Umgebung war mit weißen Kacheln ausgelegt, glücklicherweise die angeraute Variante, denn auf den glatten haben unsere Füße keinen Halt. Nun gut, dies war ein erster, flüchtiger Eindruck. Ich gönnte mir hastig einen kleinen Happen aus dem Napf und hüpfte danach lieber gleich in den vertrauten Käfig. Aufregung hatten wir in den vergangenen 24 Stunden wirklich ausreichend gehabt. Mein kleines Rudel folgte mir. Kaum hatte ich meine Damen in den Käfig geführt, drängte sich Peppina mit einem freudigen Erkennungsschrei an mir vorbei, sprang in die Hängematte und rührte sich die nächsten Stunden nicht mehr! Innerhalb von wenigen Minuten hatte sich meine Frau erholt und Britta und der Papa verwarfen die Idee eines Tierarztbesuchs wieder. Ach ja, ich vergaß zu erwähnen: Die Wohnung war angenehm kühl im Vergleich zu allem, was ich bisher kannte. Wir wohnten jetzt nämlich im Erdgeschoss.

Die Menschen ließen uns ausreichend Zeit, um uns an die neue Umgebung zu gewöhnen, sie waren ohnehin mit Auspacken, Möbelrücken und scheußlichen Bohrarbeiten beschäftigt. Doch irgendwann unterbrachen sie ihre Geschäftigkeit, kamen zu uns in die Küche, setzten sich an den Tisch und aßen zu Abend. Selbstverständlich nicht, bevor wir versorgt waren. Zum ersten Mal erhielten wir unser Nachtmahl außerhalb des Käfigs, was sich einbürgerte und uns zusätzliche Bewegung und Spaß brachte.

Noch eine weitere Nacht ist der Umzugshelfer geblieben. Ob der wohl ab jetzt immer hier schlief? Gut, er störte ja nicht weiter, wäre schon okay, fanden wir. Am folgenden Tag ging das Bohren, Hämmern, Klopfen, Geraschel und Türenklappern weiter, doch dann ebbte der Lärm ab, das Treiben wurde weniger. Britta kam in die Küche, und nach kurzer Zeit roch es nach Kaffee und Kuchen. Aha, jetzt kam der gemütliche Teil und sicher auch der Erlanger gleich in die Küche. Aber nein, zuerst trug unser Mensch Geschirr, Thermoskanne und sonstiges Zubehör zum Kaffeetrinken raus und dann überraschenderweise auch mich! So erhielt ich einen ersten Überblick über den Schnitt des neuen Zuhauses. Doch diente der Gang durch die Wohnung offensichtlich nicht zur Besichtigung, denn Britta schritt durch die offene Terrassentür und … oh Leute, denkt Euch nur, zum ersten Mal in meinem Leben sah ich einen Garten! Das merkwürdige Gestell aus Gitterstäben, das uns Marlene geschenkt hatte, war inzwischen zusammengebaut worden und stellte sich als Freigehege heraus. Britta setzte mich mitten hinein und meine Füße landeten auf weichem Gras. Es standen Hütten und Tunnel darin. Die Menschen hatten einen Sonnenschirm aufgespannt, damit ich im Schatten sitzen konnte.

Pralle Sonne und Hitze schadet uns Meerschweinchen nämlich auf Dauer. Unser Gehege war so platziert, dass wir freie Wahl hatten, ob wir in der Sonne oder lieber im Schatten sein wollten. Sogar an ein Schälchen Wasser hatten sie gedacht. Perfekt! Ich war voller Enthusiasmus und machte mich ohne zu zögern daran, das Gras auf wenige Millimeter zu kürzen.

Inzwischen hatte ich Gesellschaft bekommen. Peppina und Polly teilten meine Begeisterung. Sobald die beiden Damen im Freilauf waren, spannte der Papa das Netz über das Gitter. Glaubte der allen Ernstes, wir könnten so hoch springen und dann die Flucht ergreifen? Erst, als wir im Laufe des Sommers einen Falken beobachteten, der eine Maus gefangen hatte und den schreienden Nager in den Krallen davontrug, ahnten wir, dass das Netz wohl eher ihm als uns galt. Auch Katzen besuchten uns häufig. Deshalb erhielten wir wenige Wochen später einen stabileren Freilauf aus Holz und Hasendraht, der auch eine Abdeckung aus diesem Material hatte. Ein mit Hasendraht bespannter Holzrahmen hält dem Gewicht einer Katze stand, im Gegensatz zu einem gespannten Netz, das schon mal reißen kann.

Doch das war im Augenblick noch Zukunftsmusik. Im Laufe des ersten Nachmittags draußen mähten wir gemeinsam voller Eifer einen Quadratmeter Rasenfläche. „Meine kleinen Rasenmäher", nannte uns unser Zweibein und wir erhielten spontan einen Sommerjob. Britta versetzte den Freilauf täglich und abends war ein weiteres Stück Gartenarbeit geleistet.

Glücklicherweise achtete unser Mensch freiwillig auf Bewachung, wenn wir draußen waren. Wir mussten ihm nicht erst mühsam beibringen ein Auge auf uns zu haben. Vielleicht hatte er bereits selbst erkannt, dass Sommergewitter, Regengüsse, tierhassende Nachbarn und größere Tiere uns hätten gefährlich werden können, vielleicht war es auch nur Zufall. Egal, es funktionierte und nur das war wichtig. Spätestens abends wurden wir wieder in die Küche gebracht. Zu diesem Zweck stellte Britta den Transporter in das Gehege und nahm sämtliche andere Häuschen und Versteckmöglichkeiten heraus, so dass wir ganz von selbst in die Box liefen, ohne dass man uns jagen musste. Wenn wir alle drinnen waren, machte sie die Tür zu und trug uns in die Wohnung.

Der erlanger Papa verließ uns am späten Nachmittag des Umzugmontags wieder. Er beehrte uns jedoch in Zukunft öfter mit seiner Anwesenheit und brachte dann auch sein Weibchen mit, das „Mama" hieß und zufällig auch in Erlangen wohnte. Das freute uns, denn dann hatte jeder einen Menschen für sich und wir konnten alle gleichzeitig kuscheln. Mama schenkte uns bei einem dieser Besuche eine Menge alter Hand- und Badetücher. Sicher hat es das erlanger Zweibein gut gemeint, für seinen sonderbaren Geschmack konnte es ja nichts. Glücklicherweise waren wir zahnwerklich geschickt und arbeiteten das Präsent nach unseren Vorstellungen um. In stundenlanger Geduldsarbeit verzierten wir die Tücher mit Lochmustern und Fransen, so dass sie nach einer Weile nicht nur annehmbar, sondern sogar richtig gut aussahen.

Wir waren also letztendlich doch noch in unserem neuen Heim angekommen. Nun begann die Eingewöhnungsphase.

Das Abenteuer geht weiter

Der August war gekommen und mit ihm einige Veränderungen. Wir durften bereits morgens auf die Wiese, denn da gab es noch schattige Plätze. Mittags, wenn die Sonne erbarmungslos auf das Freigehege knallte, kehrten wir in die kühle Wohnung zurück. Britta stand morgens viel später als gewöhnlich auf und setzte sich mit uns in den Garten, wo wir gemeinsam frühstückten. Manchmal ging sie zwar weg, aber es dauerte nie sehr lange, bis sie wiederkam.

Inzwischen hatten wir die neuen Räume gründlich unter die Lupe genommen. Von der Küche aus gelangte man in den Flur und von diesem sowohl ins Bad als auch in das Wohnzimmer, das wiederum Zugang zum Garten gewährte. Blöderweise hatte Britta ein Brett vor die Terrassentür geschoben, so dass ich nicht selbst entscheiden konnte, wann ich raus wollte. Manchmal übertreibt sie es wirklich!

Das Wohnzimmer war ungemein attraktiv. Es gab die vielfältigsten Möglichkeiten, unter Tische, Sofa, Sessel, Schränke und ähnlichem zu verschwinden. Unter manch einer Überdachung fand sich des Meerschweins höchstes Entzücken: Kabel! Habt Ihr eigentlich schon einmal herzhaft in ein Kabel gebissen? Besondere Freude macht es mir, an Telefon- und Hörerkabeln oder denen der Handyladestation zu knabbern. Wenn man einen gewissen Punkt trifft, durchzuckt es einen. Es fängt in den Zähnen an und läuft von dort durch den ganzen Körper bis hinein in die Zehen. Dieses Gefühl ist unbeschreiblich und traumhaft schön, auch wenn es leider nur wenige Sekunden anhält.

Ich finde, dieses Erlebnis sollte jeder einmal gehabt haben. Polly war diesbezüglich ganz meiner Meinung, weshalb wir als eingespieltes Team gemeinsame Sache machten und zwischendurch auf Kabeljagd gingen. Das Problem dabei war, dass Britta versäumte, den Laminatboden mit Badetüchern auszulegen, so dass wir nur schwer an die reizvollsten Lokalitäten gelangen konnten. Die Füße rutschen einem ständig weg, wenn man sich auf dem glatten Bodenbelag bewegt. Bisweilen waren wir jedoch erfolgreich. Einem dieser Erfolge verdankt Britta einen neuen Router.

Aber glaubt Ihr, sie hätte sich bei mir für meinen geduldigen Nageeinsatz bedankt? Weit gefehlt – „Das ziehe ich dir vom Futter ab" hat sie gesagt. Glücklicherweise hat sie das wieder vergessen, doch hat mir dieser Ausspruch einige sorgenvolle Momente bereitet. Bei Menschen weiß man ja wirklich nie, ob sie tatsächlich tun was sie sagen.

Die richtigen Stromkabel hatte Britta gut geschützt, so dass wir nicht herankamen. Das wäre eigentlich gar nicht nötig gewesen, denn irgendwie laden die anderen Kabel ohnehin viel mehr zum Nagen ein. Nur verließ sich Britta nicht auf diese Erfahrung und traf entsprechende Vorkehrungen.

Der rutschige Boden verdarb mir jedoch die Lust auf Wohnzimmerexkursionen, ich beschränkte mich auf kleinere Touren durch Küche und Flur und gab auch Polly entsprechende Anweisungen, die sich dank meiner Autorität ganz selbstverständlich fügte. Mein Mensch schien zufrieden. Um Peppina musste ich mich nicht weiter kümmern, sie war ja sowieso eine Stubenhockerin und blieb von sich aus immer in der Nähe des Käfigs.

Auch in dieser Wohnung blieb die Schlafzimmertür verschlossen, doch konnte ich auf einem meiner Ausflüge einen Blick erhaschen und entdeckte auch dort Laminat. Na gut, dieses Meerschweinwunderland war wohl inzwischen keines mehr.

Eines Morgens ging der Wecker wieder zur gewohnten Zeit los, kurz darauf verschwand Britta, kehrte am späten Nachmittag heim und der gewohnte Alltag hatte uns eingeholt. Es war wohl einem puren Zufall zu verdanken, dass die Zeit des Umzugs ausgerechnet in ihren dreiwöchigen Urlaub fiel. Da hatte sie richtig Glück gehabt!

Obwohl sich alles fast wie vorher einspielte, fiel mir doch auf, dass Polly seit dem Umzug ein merkwürdiges Verhalten an den Tag legte. Sie reagierte mit Panikattacken, sobald sich ihr ein Mensch näherte. Selbst unserem eigenen Zweibein misstraute sie und schrie, sobald Britta sie aus dem Käfig holen oder kraulen wollte. Hatte sie sie einmal hochgenommen und auf ihren Schoß gesetzt, stellte Polly zwar das Geschrei ein, stand aber trotzdem jedes Mal unter Hochspannung, bis sie unverletzt wieder bei mir im Käfig saß. Es wurde von Woche zu Woche schlimmer. Britta befürchtete inzwischen, dass Polly Schmerzen hätte oder krank sei. Daher wurde ein

Termin beim Tierarzt vereinbart, meine Frau gründlich untersucht und ohne Befund entlassen.

Die Rettung nahte wieder einmal in Form eines Anrufs bei unserem Homöopathen. Der hörte sich genau an, was meine Frau so trieb, fragte gezielt nach dem ersten Auftreten des eigenartigen Verhaltens und wollte wissen, ob es zu diesem Zeitpunkt ein einschneidendes Erlebnis gegeben hätte, was zu dieser Verängstigung geführt haben könnte. Zunächst vermutete Britta als Anlass unseren Umzug. Der Heilpraktiker bezweifelte dies aber und forschte weiter. Unser Zweibein erinnerte sich im Zuge der Befragung an den Unfall beim Krallenschneiden, und dies gab dem Mann den entscheidenden Hinweis. Er empfahl ein Mittel, das Britta sofort besorgte, und meiner Polly wurde geholfen. Die Angststörung verschwand binnen weniger Tage komplett, und zum Vorschein kam die vertraute Polly-Persönlichkeit.

Wie schon in unserer alten Wohnung erhielten wir auch hier häufig Besuch. Kathleen und William, die beiden Menschen mit Meerschweinerfahrung, waren gern gesehene Gäste, dann wurden wir nicht nur außer der Reihe gefüttert, sondern auch mit der Digitalkamera fotografiert.

Abgesehen von den beiden und anderen lieben Freunden schauten meine Pflegeeltern regelmäßig bei uns vorbei. Stefan brachte bei seinen Besuchen üblicherweise Säcke mit Einstreu, Heu und Stroh mit, und auch sein Werkzeugkasten wurde uns zu einem guten Bekannten.

Als er eines Tages erschien, um unseren Backofen zu reparieren, habe ich das Ding genauestens studiert. Das äußere Material überzeugte nicht, aber innen war es mit Schaumstoff ausgelegt. Das brachte mich auf die Idee, Hand in Hand mit meinem Adoptivvater zu arbeiten. Er am Backofen, ich zeitgleich am Innenleben der Werkzeugkiste. Was waren wir doch für ein Superteam! Als er fertig war und seinen Schraubenzieher in den Kasten zurücklegen wollte, guckte er mich seltsam an, überprüfte meine Arbeit kritisch und meinte: „Murdock, was hast du da gemacht?"

Ich war verdutzt: Hatte sich seine Sicht derart verschlechtert, dass er mein Meisterwerk nicht erkennen konnte? Katharina sollte ihm zum nächsten Geburtstag unbedingt eine Brille schenken, so eine, wie sie Britta auf der Nase trägt. Damit geht das Gucken besser, sagt sie.

Einen Nachteil hatte das neue Heim. Unsere menschlichen Freunde und Bekannte brauchten viel länger, bis sie bei uns in der Küche waren und ihre Mitbringsel bei mir ablieferten. Man kann mir ja nun wirklich einiges nachsagen, aber Geduld gehört sicher nicht dazu. Weil mir das Ganze zu lange dauerte, lief ich beim nächsten Kaffeebesuch einfach in den Flur, um mir mein Geschenk direkt am Eingang abzuholen. Das war ein Erfolg! „Nein, wie süß, schau mal wie ein Hund!"
Ich bekam mein Präsent ohne weitere Verzögerung, und weil die Menschen so entzückt waren, auch gleich die beiden Damen-Portionen mit dazu. Zurückhaltung schadet eben doch! Bescheidenheit ist eine Zier – mag ja sein, aber sie macht sicherlich nicht satt. Ich kenne übrigens noch einen Spruch, den ich weit treffender finde: „Erfolg macht süchtig". Nach dieser umwerfenden Erfahrung kann ich das bestätigen. Deshalb lief ich in der nachfolgenden Zeit bereits beim ersten Klingeln los, um den mir zustehenden Obolus einzufordern. Leider ging das Konzept nicht bei jedem Zweibein auf, manche brachten es tatsächlich fertig, ohne Kräutersträußchen zu erscheinen!
Aus lauter Ärger bin ich bei so einer Gelegenheit durch die offene Eingangstür in das Treppenhaus marschiert, dicht gefolgt von Britta, die versuchte, mich wieder einzufangen. Ich war schon auf halbem Weg in den Keller, da hat sie mich erwischt. Nach diesem Zwischenfall verbot mein Mensch ihrem Freundeskreis, die mir zugedachten Zuwendungen bereits im Flur zu überreichen. Das trage ich ihr bis heute nach. Und da man mir nichts mehr schenkte, verlor ich zusehends die Lust, Besucher an der Wohnungstür zu empfangen. Das haben die nun davon. Trotzdem hoffe ich jedes Mal von Herzen, man möge mich nicht vergessen haben, und warte mit hocherhobenem Kopf auf ihr Erscheinen in der Küche.
Solltet Ihr also irgendwann zu uns zum Kaffee kommen ...

Peppina verabschiedet sich

Der August war längst vorbei, es wurde Herbst, Winter, Frühjahr, der nächste Sommer folgte und wir traten unseren „Sommerjob" erneut an. Wunschgemäß mähten wir wie die Wilden den Rasen, Polly riss in ihrer Euphorie die Halme gleich mit der Wurzel aus.

Inzwischen hatten wir uns mit unseren Nachbarn angefreundet. Auch Britta kam gut mit ihnen klar. Bei schönem Wetter standen sie oft lange am Gartenzaun und schwätzten, manchmal tranken sie auch „ein Gläschen" zusammen, bestellten sich Pizza oder fuhren mit den Fahrrädern gemeinsam zum Griechen. Letztere Aktion schätzten wir ganz und gar nicht, denn das hieß für uns zurück in die Wohnung. Aber es kam zum Glück nicht allzu oft vor. Der Nachbarmann avancierte zu unserem bevorzugten „Sitter", wenn Britta über das Wochenende weg blieb und uns nicht mitnahm. Wir mochten ihn richtig gerne, zumal er sich als geschickter Tupperöffner erwies und sich stets Zeit für ein paar Streicheleinheiten nahm.

So verging die Zeit mit den üblichen Aktivitäten. Eines Abends war es Zeit für die wöchentliche Reinigung des Meerschwein-Eigenheims. Britta beförderte uns auf den Spielplatz und fing an, die benutzte Einstreu in Tüten zu schaufeln, als ihr auffiel, dass Peppina lustlos vor einer Karotte saß. Nachdem wir uns in dem frisch zurechtgemachten Käfig häuslich eingerichtet hatten, hob sie meine Frau heraus und nahm sie mit zum Fernsehen ins Wohnzimmer. Doch der Friede währte nicht lange. Ich hörte aufgeregtes Schnattern, offensichtlich hatte Britta zum Telefonhörer gegriffen, und ich schnappte die Worte „Meerschweinchen", „Blut", „Notfall" und „Wie komme ich zu Ihnen?" auf, das war alles. Ein weiteres, kurzes Gespräch folgte, das mit den Worten: „Bis gleich!" endete. Peppina wurde in einen Kuschelsack gepackt und zusammen mit einer Wärmflasche in den Transporter gesteckt. Ein wenig Heu zum Naschen durfte sie auch mitnehmen. Mein Mensch war noch nicht ganz angezogen, als es an der Türe klingelte. Ein Mann stand mit seinem Auto vor der Haustüre und wartete, dass Britta und Peppina herauskamen. Im letzten Moment entschied die sich mein Mensch, mich als Geleitschutz für Peppina mitzunehmen.

So durfte auch ich in den Wagen steigen, natürlich bequem in der Box untergebracht, neben meinem Weib.

Ja was war denn da los? Überall, wo meine Frau saß, entstand in Sekundenschnelle eine richtig große Blutlache. Das Handtuch war an dieser Stelle schon ganz durchweicht. Sie hatte heftige Schmerzen, war allerdings wie üblich darauf bedacht, das nicht zu zeigen. Doch ich merkte ganz genau, dass mit ihr etwas nicht stimmte, daher biss ich sie ein wenig zur Seite – zack, da hatte mich mein Mensch ins Ohr gekniffen.

 Damit hat sie eine Meerschweinsitte übernommen, denn Meerschweinchenmütter zwicken ihre Babys als erzieherische Maßnahme in die Ohren. Manche Menschen nutzen diese Verhaltensweise, um uns klarzumachen, dass das, was wir gerade tun, von ihnen nicht gewollt ist.

Wenige Minuten später waren wir in Oberursel angekommen. Fast gleichzeitig fuhr ein Auto vor und parkte direkt neben uns. Zwei Ärzte, die wir noch gar nicht kannten, stiegen aus, eine Frau und ein Mann. Die Praxis war eigentlich schon geschlossen, denn es war inzwischen 22.00 Uhr. Die beiden opferten ihren Feierabend und ließen uns tatsächlich rein. Wir mussten nicht warten und gingen direkt ins Behandlungszimmer durch. Peppina wurde von zwei Nager-Kapazitäten untersucht. Nach einer ersten Sichtung ihres Genitalbereichs wurde sie rasiert und die Menschen schauten sich ihr Innerstes per Ultraschall an. Diagnostiziert wurde eine schwere Blasenentzündung. Noch vor Ort bekam meine Frau zwei Injektionen verpasst, eine mit einem Schmerzmittel, die andere enthielt Antibiotika. Fünf Tage lang sollte sie täglich zur gleichen Uhrzeit eine weitere Dosis injiziert bekommen.

Der männliche Arzt zeigte meinem Menschen, wie man so eine Nadel in den Meerschweinnacken setzt und erklärte, dass man mehr Kraft als bei einem Menschen aufwenden müsse, da unsere äußere Hautschicht sehr dick, fast lederartig sei. Glücklicherweise ist sie aber auch schmerzunempfindlicher, was Ihr schon wisst, wenn Ihr die ersten Kapitel aufmerksam gelesen habt. Die Nadel war etwa fünf Zentimeter lang, sollte aber maximal einen Zentimeter unter die Haut geschoben werden, damit die Lösung unter die Haut und nicht in den Muskel gespritzt wurde.

Dafür gab er meinem Menschen fünf bereits aufgezogene Spritzen, ein Schmerzmittel und fünf Tuben eines Mittels zum Aufbau der Darmflora mit nach Hause. Außerdem erhielten wir einen Nachsorgetermin.

Leute, ich sag's Euch, war richtig froh, dass es Peppina und nicht mich getroffen hatte. Ich hasse es, gestochen zu werden. Wir fuhren also wieder nach Hause, Peppina ging es über Nacht schon wesentlich besser und sie fraß wieder voller Appetit.

Gegen Abend des folgenden Tages bemerkten wir, wie sich eine leichte Nervosität bei unserem Menschen breitmachte, doch dachten wir uns noch nichts Böses dabei. Erst als Britta mit schwitziger Hand nach meiner Frau griff, schwante Peppina nichts Gutes, daher wand sie sich in alle Richtungen. Das Zweibein tastet nach ihrem Nacken, hob die Haut hoch, setzte die Nadel vorsichtig, um nicht zu sagen zaghaft, an und ... Peppina schrie aus Leibeskräften und sprang davon. Britta ließ die Spritze fallen und versuchte sie daran zu hindern, sich vom Tisch zu stürzen. Auf diese Art und Weise waren die beiden eine ganze Weile beschäftigt. Nun ja, Menschen geben bekanntlich nicht auf.

Britta rief Katharina zu Hilfe, die war schließlich Heilpraktikerin und Leiterin eines Tierheims. Sie würde diese schauderhafte Maßnahme sicherlich souverän meistern, dachte mein Mensch. Um es kurz zu machen: Auch für Katharina war es das erste Mal und sichtlich unangenehm. Zwei schweißnasse, zitternde Menschen mit hochrotem Kopf widmeten sich meiner kreischenden Frau. Die eine versuchte ein strampelndes, zappelndes und keuchendes Etwas zumindest halbwegs auf der Tischplatte zu fixieren. Die andere schritt zur Tat und bohrte die Nadel in mein wehrhaftes Weib. Obwohl sie mir ein wenig leidtaten, amüsierte mich dieser Anblick köstlich: Zwei Menschenweibchen, fix und fertig, beruhigten ein Meerschweinchen, das sie heftig mit den Zähnen anklapperte.

Solches Zähneklappern ist bei uns eine Drohgebärde oder zumindest eine deutliche Missfallensbekundung.

Die Prozedur musste noch vier weitere Tage durchgeführt werden. Dann war von der Blasenentzündung nichts mehr zu merken. Woran es nun letztendlich gelegen haben mag, weiß ich nicht, aber kurz darauf bekam Peppina Atemprobleme und Herzrasen. Sie beschränkte sich darauf, Gras und Löwenzahn zu fressen, alles andere verweigerte sie. Unsere neue Tierärztin, die nach der nächtlichen Notfallaktion unsere Stammärztin geworden war, machte auch Hausbesuche. Daher ersparte uns Britta eine weitere Reise im Transporter und bat sie, meine Frau bei uns zu Hause zu untersuchen. Es stellte sich heraus, dass Peppina eine Herz-Kreislaufschwäche hatte, was man medikamentös behandeln konnte. Sie bekam Tropfen über einen Zeitraum von drei Monaten, in denen es ihr richtig gut ging. Doch muss man bei einem fünfeinhalbjährigen Meerschwein in Erwägung ziehen, dass die Lebensspanne einfach zu Ende geht. Man merkte meiner Schönen deutlich an, dass sie einfach keine Lust mehr hatte, und so kam der Tag des Abschieds trotz Behandlung schließlich doch.

Peppina war bereits die ganze Nacht über unruhig gewesen, so dass ich den Eindruck hatte, sie warte darauf, dass Britta endlich erwachte. Eigentlich kommt die nachts nie in die Küche, aus irgendeinem Grund tat sie es diesmal doch, schob sich einen Stuhl neben den Käfig, nahm Peppina auf den Arm und sah ganz traurig aus. Ja, da fiel es mir wie Schuppen von den Augen: Das alte Mädel lag in den letzten Zügen. Britta setzte sie wieder ins Stroh, und ich sah, dass Peppina kaum Luft bekam und ihr Herz nur noch langsam schlug.

Na, da wollten wir doch mal ein bisschen nachhelfen! Polly und ich stürzten uns auf sie und versuchten, sie aus unserem Revier zu jagen. Doch griff unser völlig verständnisloser Mensch wieder einmal im unpassendsten Augenblick ein. Rausgeschmissen hat sie uns! In den Nachbarkäfig hat sie uns evakuiert und die Käfigtür geschlossen. Ausgesperrt und abgeschoben! Da kommt man sich echt blöd vor.

Peppina durfte unbehelligt in unserem Schlafbereich bleiben, und wir beide guckten, mit den Pfoten an den Gitterstäben, von außen zu. Der Todeskampf hat zum Glück nicht allzu lange gedauert. Polly und ich bekamen einen neuen Job: Menschentröster.

Kathleen erschien am Nachmittag, auch sie kümmerte sich nicht wie gewohnt um uns. Still sind die beiden Menschenfrauen in den Garten gegangen und gruben ein tiefes Loch, in das sie meine verstorbene Frau hineinlegten. Aus ihrer Unterhaltung dabei erfuhr ich, dass sechzig Zentimeter das empfohlene Mindestmaß für Haustierbeerdigungen sind. Und auf das Grab haben sie eine Steinplatte gelegt, damit kein Marder, Fuchs, keine Hauskatze oder ein anderes Tier auf die Idee kommt, Peppina wieder auszugraben. Wenn Ihr übrigens mal in die Verlegenheit kommt, ein Tier bestatten zu müssen, aber keinen passenden Platz habt, könnt Ihr Euch auch an einen professionellen Tierbestatter wenden.

Eine ganze Woche lang herrschte gedrückte Stimmung. Nun ja, nicht bei uns, sondern eigentlich nur bei Britta. Polly und ich waren im Grunde recht vergnügt, weil das Zweibein Schwierigkeiten hatte, die Portionen von drei auf zwei zu reduzieren. Wir bekamen Monstermahlzeiten!
Polly war nun endlich in die Position des Alphaweibchens aufgestiegen und musste sich nicht mehr zurücknehmen. Wie gesagt, trauern ist eine menschliche Eigenart. Immerhin hatte Britta jedoch eine Idee, wie sie sich den Verlust erträglicher gestalten konnte.

1 = 3

Seit unserem Einzug in die Rödelheimer Wohnung hatte die verhasste Transportbox ein wenig von ihrem Grauen eingebüßt. Da wir niemals genau wussten, ob es zum Tierarzt, in die Ferienwohnung zu Katharina und Stefan oder, was am häufigsten vorkam, in den Garten ging, war es immer eine spannende, doch nicht mehr furchteinflößende Situation. Außerdem hatte Britta die Box in unseren Alltag integriert, indem sie sie zeitweise auf unserem Spielplatz abstellte, wo sie als Häuschen fungierte. Die konnte uns wirklich nicht mehr schrecken.

Etwa eine Woche nach Peppinas Tod packte Britta den Transporter und verließ die Wohnung – und das ohne uns! Das waren ganz neue Sitten! Nicht, dass wir unbedingt mitgewollt hätten, man weiß ja nie, aber bitte schön, was sollte das denn? Die Hauptsache war allerdings, dass unser Mensch einen großen Haufen Heu hiergelassen hatte.

Polly und ich waren uns einig: Besser sie vergaß uns als unser Futter. Letzteres hatten wir zum größten Teil aufgeräumt, als Britta zurückkehrte. Wir hörten sie im Flur, doch anders als gewohnt kam sie nicht zuerst zu uns, sondern machte sich im Bad zu schaffen. Merkwürdig.

Endlich erschien sie, ich streckte ihr meinen Kopf hoffnungsvoll entgegen: Jetzt gab's Mittagessen! Doch nein, sie hob mich hoch, hielt mich fest und angelte mit der freien Hand nach Polly. Wir wurden beide gleichzeitig durch die Wohnung in das Bad getragen, wie sonderbar!

So wie es aussah, sollten wir in die Badewanne gesetzt werden. Na gut, da lag ja Petersilie, also erst mal ran an die Buletten ... Hilfe! Da saß ein fremdes Schwein in *unserer* Wanne!

Dieser Umstand brachte mich ganz schön in die Bredouille. Was sollte ich jetzt bloß tun, erst fressen und dann den Artgenossen – hoppla, die Artgenossin, untersuchen? Oder sollte ich erst Kontakt aufnehmen und mich danach dem Grünzeug widmen?

Am Ende verschwand das in der Zwischenzeit! Immer diese schwerwiegenden Entscheidungen.

Während ich das Pro und Contra gründlich abwog, drehte Polly durch. Wie eine Berserkerin stürzte sie sich auf die Fremde, biss nach ihr und jagte sie quer durch die Wanne. Eigentlich war das die ideale Chance, die zusätzliche Zwischenmahlzeit ganz alleine zu verdrücken. Nur leider siegte schließlich doch meine Neugier. Die fremde Sau wäre an sich recht hübsch gewesen, wenn sie nur nicht so fürchterlich mager gewesen wäre. Wäre ich der höheren Mathematik mächtig gewesen, hätte ich ihre Rippen zählen können. Das schwarz-weiße Fell war ziemlich struppig. Ich schätzte sie auf etwa vier Monate. Und sie roch so fein.

Gleich mal demonstrieren, dass ich hier der Superbock, also der Mann im Käfig bin! Diese Entscheidung fiel mir ganz leicht und ich sprang auf. So, erledigt, für meinen Teil war sie nun in mein Rudel aufgenommen. Jetzt mussten sich nur noch die beiden Weiber arrangieren. Derweilen schenkte ich dem vorher vernachlässigten Petersilienstängel meine volle Aufmerksamkeit. Wäre doch richtig schade, wenn der umkäme, oder?

Die Klärung der Hierarchien dauerte sehr viel länger, als ich für meine Zwischenmahlzeit brauchte. Wochenlang zogen sich die Auseinandersetzungen hin. In der ersten Woche wurden wir sowohl nachts als auch während Brittas Abwesenheit getrennt. Die Neue mit Namen Zerlina bekam den vorderen Teil unseres Eigenheims zugewiesen. Zu diesem Zweck wurde das Käfigoberteil aus dem Keller geholt und auf der Schale befestigt.

Auch wenn sich die beiden Damen langsam annäherten, kam es täglich mindestens einmal zu einem weiteren Streit, weshalb Zerlina schon sehr bald die Bekanntschaft unseres Tierarztpaares machen durfte. Eine Bisswunde hatte sich entzündet und eiterte.

Nach zwei Wochen unter meiner Obhut hatte sich die Neue zu einer hübschen Meersau mit glänzendem Fell und ansprechenden Rundungen entwickelt. Sie wich Pollys Attacken inzwischen sehr geschickt aus.

Nach insgesamt drei Wochen hatte sie die birnenförmige Statur eines anständigen Meerschweinchens erreicht. Britta schob dies auf ihre ausgewogene Verköstigung, ich wusste es jedoch besser.

Nach einigen Tagen kam selbst unser Mensch dem Geheimnis auf die Spur. Bei den abendlichen Streicheleinheiten registrierte er rege Bewegungen in der Bauch- und Flankengegend. Zerlina war ein kleines Überraschungsei, denn sie brachte als Einzugsgeschenk Babys mit! Die Leute vom Tierheim, bei denen Zerlina die Zeit vor dem Einzug bei uns verbracht hatte, boten sofort an, die Kleinen nach der Entwöhnung zu übernehmen, aber da kannten die unser Zweibein schlecht.

Britta hatte nach dem ersten Schreck eifrig angefangen, einen Geburtskäfig mit verlockend hohen Schichten aus Heu und Stroh einzurichten, staffierte diesen mit allerlei Kuschelkram, Einzelhäuschen und Hängematte aus, setzte dem Trinkwasser Vitamintropfen zu und stellte zur Sicherheit noch eine zusätzliche Wasserschüssel auf den Käfigboden, falls es der werdenden Mutter so lieber wäre.

Nachts musste Zerlina ausnahmslos in Einzelhaft verbringen, da Britta unserer Polly misstraute. Nach meiner Einschätzung nicht ganz zu Unrecht. Außerdem bekam Zerlina größere Futterportionen als wir, was ich ziemlich ungerecht fand. Konnte ich etwas dafür, dass ich nicht schwanger war?

Im Grunde finde ich unseren Menschen schon goldig, er war so gespannt und suchte jeden Morgen erwartungsvoll den Käfig nach Nachwuchs ab. Wir bemerkten jedes Mal eine leichte Enttäuschung. Deshalb tat ihr Zerlina eines Morgens den Gefallen und gebar zwei stramme Mädels. Endlich fand Britta bei der obligatorischen Durchsuchung die beiden winzigen – naja, für Menschenaugen winzigen – Meerschweinchen unter der Hängematte. Tatsächlich waren es eigentlich zwei Bomber, was auch Britta zugeben musste, nachdem sie die beiden Miniaturausgaben eines Meerschweins gewogen hatte. 110 Gramm wog jedes, dabei brachte die Mutter selbst nur 550 Gramm auf die Waage. Eines glich seiner Mama fast aufs Haar, nur an einer winzigen Stelle im Gesicht gab es einen Unterschied. Die Schwester war, wie die beiden anderen auch, schwarz-weiß, ihre Zeichnung unterschied sich allerdings deutlich. Ansonsten gehörten alle drei der etwas zierlicheren Art Meerschwein an, die sich durch eine schmale Kopfform auszeichnet.

Mein Mensch nahm sich spontan einen Tag Urlaub und statt uns in Ruhe zu lassen, saß er stundenlang vor unserem Käfig. Nachmittags gesellte sich auch noch Kathleen dazu. Was, bitte schön, ist denn an Babys so interessant, die sind doch so spillerig? Schaut doch lieber mich an, da könnt Ihr einen richtigen Prachtkerl sehen!

Die beiden Mädels sollten sich ja in Acht nehmen. Schlimm genug, dass sie mir die Show stahlen – sollten sie selbiges irgendwann mit meinem Futter versuchen, würde ich ihnen zeigen, wo das Meerschwein läuft, das nahm ich mir fest vor. Leider hatte ich es später, als der Ernstfall eintrat, wieder vergessen.

Eines der Mädels zeichnete sich durch besondere Furchtlosigkeit und großen Tatendrang aus. Man könnte es auch als Dreistigkeit bezeichnen. Bereits zwei Stunden nach der Geburt eierte sie quietschvergnügt im Alleingang unter der Hängematte hervor. Zerlina war gerade damit beschäftigt, Tochter Nummer Zwei zu säugen, denn die war ganz im Gegensatz auffallend ängstlich und wich nicht von Mamas Seite. Nummer Eins studierte inzwischen die Umgebung, hockte sich keck mitten in den Futternapf, denn von dort hatte sie den besten Überblick, und wurde endlich meiner gewahr.

Ich hatte meinen Kopf schon eine ganze Weile gegen das Gitter gepresst und verzweifelt versucht, mich bemerkbar zu machen, schließlich bin ich hier die Hauptperson. Die Kleine beäugte mich aufmerksam. Sie zu beäugen war jedenfalls recht unterhaltsam und ich beobachtete sie mit einem Auge, das andere warf ich auf den Inhalt der Futterschüssel. Die hätte ich zu gern einer gründlichen Untersuchung unterzogen.

Britta muss meinen Wunsch gespürt haben, denn sie öffnete nach einer Weile die Käfigtür und ließ Polly und mich in die Kinderstube. Schnurstracks lief ich auf die Pellets zu und genehmigte mir einen Happen. Die Kleinen konnten warten. Meine Alphafrau befand sich unter Hochspannung: Mit gesträubtem Nackenfell und hoch aufgestellter Irokesenfrisur näherte sie sich vorsichtig den Minis.

Mein neues Weib Zerlina geriet augenblicklich in Panik, als sie ihre Busenfeindin nahen sah. Hastig grub sie ein Loch in die Einstreu und versuchte, ihre Töchter hineinzuschieben. Der dreiste Frechdachs aus dem Futternapf dachte jedoch gar nicht daran, dort zu bleiben, die Situation war viel zu faszinierend. Aufmüpfig lief sie den Erwachsenen entgegen. Was blieb Zerlina also anderes übrig, als sich todesmutig zwischen sie und Polly zu werfen? Die kleine Mama stellte sich auf die Hinterbeine und biss nach der Großen, die etwa das Doppelte von ihr wog. Das imponierte mir, muss ich gestehen.

Britta war auch schon in Habachtstellung und kurz davor einzugreifen. Diese Menschen! Ich sah das Ganze eher gelassen. Sollten sich doch die Frauen zanken, ich wollte jetzt die Bekanntschaft der Ängstlicheren machen und wackelte gurrend zu ihr.

Die beiden Damen wurden getrennt, doch ich durfte bleiben. Mein Mensch war schon eine Marke, sah er denn nicht, dass bei der sonst so garstigen Polly beim Anblick der Babys der Mutterinstinkt erwachte und sie sich lediglich ein bisschen mit um die Kleinen kümmern wollte?

Und noch etwas fiel mir auf: Das Zweibein war augenscheinlich nicht in der Lage das Geschlecht zu erschnüffeln! Hat es doch glatt versucht, zwischen den Beinchen einen Hinweis zu entdecken, lustig, nicht wahr? Inzwischen bin ich überzeugt, dass es am riesigen Kopf der Menschen liegt: Der hindert sie daran, Situationen schnell zu erfassen. Es dauert einfach zu lange, bis so ein Gedanke den ganzen Weg durch den gigantischen Schädel findet.

Erst am folgenden Tag entschied sich Britta, die Käfige zu öffnen und uns die freie Entscheidung zu überlassen, in welchem Teil und vor allem bei wem wir liegen wollten. Die Mädels waren noch zu klein, sie schafften den Sprung auf die Brücke nicht, weshalb sie sich in der ersten Woche nur im vorderen Teil aufhielten. Doch wechselte Zerlina öfter hin und her und lief zuweilen mit uns durch die Küche. Aber niemals sehr lange, denn sie war eine sehr fürsorgliche Mutter und schaute bald nach ihrem Nachwuchs. Das Verhältnis zwischen ihr und Polly hatte sich seit Ankunft der Kleinen entspannt.

Die bekamen bald ihren Namen. Frechdachs wurde Kali getauft und Madam Ängstlich Merlin. Britta war zur Geschlechtsbestimmung beim Veterinär gewesen, der sich allerdings nicht festlegen wollte. Es ist für den Homo Sapiens ohnehin nicht einfach, bei jugendlichen Nagern Männlein und Weiblein zu unterscheiden, bei diesen beiden Exemplaren war es wohl besonders schwer. Ganz vage deutete der

Mediziner an, eines könne ein Mädel sein, das andere sähe im Augenblick eher nach einem Buben aus.

Als Britta nach acht Wochen endlich begriffen hatte, dass es sich auch bei Merlin um ein Mädel handelte, hörte die Kleine bereits auf ihren Namen. Daher blieb es dabei. Aber ich greife hier ein wenig vor.

In den ersten paar Tagen konnte man den beiden regelrecht beim Wachsen zusehen. Kali stand ständig unter Strom und versuchte mit allen Mitteln, aus dem Käfig zu klettern. Schließlich erbarmte sich mein Mensch und baute Rampen und Treppen in und um den Käfig, damit sich auch die Kinder außerhalb austoben konnten.

Und hier wurde es interessant! Die beiden Girls waren sehr erfinderisch. Einmal rollten sie eine heruntergefallene Filmdose über die Kacheln und schoben sie sich gegenseitig zu. Eigentlich tut ein anständiges Meerschwein so etwas nicht, aber da es den beiden Rackern so einen Spaß zu machen schien, verzichtete ich auf Würde und gesellte mich dazu.

Anfangs zugegebenermaßen ein wenig zaghaft, denn ich fühlte mich von meinen Frauen beobachtet und befürchtete, Autorität einzubüßen. Aber schon ein paar Augenblicke später achtete ich darauf gar nicht mehr. Das Spiel war richtig lustig. Versucht es mal: Man muss die Nase auf die Rolle ausrichten und sie dann mit Anlauf gegen die Rolle stoßen. Stellt Euch vor, das Ding rollt dann weg, erstaunlich, nicht wahr?

Doch auch die Kleinen wurden älter und damit noch ein Stück wagemutiger. Mit vier Wochen fingen sie an, durch die ganze Wohnung zu laufen. Da sie nicht auf mein Zurückpfeifen reagierten, musste ich ihnen folgen, sonst hätte ich vor meinen Damen ziemlich dumm da gestanden. Deshalb lief ich wie selbstverständlich vorneweg und tat so, als hätte ich die Führung übernommen. Ganz schön intelligent, nicht? Man möchte sein Gesicht schließlich nicht verlieren.

Auch meine Frauen wurden wieder ausgelassen und taten so, als seien sie jung. Fröhlich sprangen sie mit den Kleinen in die Höhe und ließen sich von deren Unternehmungsgeist anstecken.

Es war eine sehr ausgelassene Stimmung, an die ich mich gern zurückerinnere.

Doch gab es auch wirklich gefährliche Situationen. Zum Beispiel unternahm Merlin eines Nachts eine Tour auf eigene Pfote. Sie untersuchte den Spalt zwischen Kühlschrank und Käfig, in den ein ausgewachsenes Meerschweinchen gar nicht gepasst hätte, aber für so eine Halbstarke war das kein Problem. Nur das Umdrehen funktionierte nicht und Merlin hatte noch nicht gelernt, wie man rückwärts aus einer Enge herausspaziert. Sie fing an zu fiepen. Zerlina antwortete ihr, doch half das dem Mädel nicht weiter. Nach und nach stimmten wir alle in den Chor ein und versuchten ihr zu helfen, doch vergeblich. Merlin sah Rot und versuchte mit ihrem Köpfchen die Küchenwand wegzudrücken. Dabei schrie sie aus Leibeskräften, es war fürchterlich.

Von den grässlichen Tönen wachte schließlich Britta auf. Sie kam eilends in die Küche und befreite unsere Nachwuchsforscherin aus der Misere. Da sieht man's wieder, selbst ein Homo Sapiens ist manchmal zu was nutze. Wir waren sehr froh, unsere verlorene Tochter wiederzuhaben, und begrüßten sie mit Gurren und Quietschen, kreisten sie ein und ließen sie für die nächsten Minuten nicht mehr aus den Augen.

Als es Merlin in der kommenden Nacht nach einem Mitternachtsimbiss gelüstete, versuchte sie mit lautem Geschrei unseren Menschen wieder herbeizuzitieren. Hatte schließlich schon einmal funktioniert. Ich war schrecklich aufgeregt und drückte ihr sämtliche Krallen! Stellt Euch nur vor, wie es wäre, wenn man Britta dressieren könnte, uns nach individuellem Bedarf Futter zu reichen! Oh, welch traumhafte Aussichten!

Zunächst schien der Plan aufzugehen – sie tauchte verschlafen in der Küche auf und versuchte die Lage zu erfassen. Bloß nichts dem Zufall überlassen, also stimmte ich in das Geschrei ein und forderte sie mit hochgestreckter Nase unmissverständlich auf, Grünzeug rauszurücken: „Komm schon, schneid' die Gurke!"

Doch begriff sie leider nicht, was wir wollten. Man kann es kaum glauben, aber nachts funktioniert so ein Mensch tatsächlich noch langsamer als tagsüber! Das passte mir gar nicht, deshalb fing ich an, ihr zähneklappernderweise zu drohen. „Hallo Mensch, bist du denn noch blöder?"

Zack, hatte sie nach mir gegriffen, hob mich hoch und ich bekam Streicheleinheiten. Das hatte sie gründlich missverstanden. Nun gut, wenn das Drohen nicht zum Erfolg führt, kann ich es in Zukunft auch lassen! Eigentlich schade.

Zwar blieb auch Merlin trotz Kindchenbonus erfolglos, doch gab sie nicht so schnell auf. Erst nach weiteren vier Nächten unermüdlichen Einsatzes schmiss auch sie das Handtuch.

Kali, die sich schon als Winzling an den Gitterstäben des Käfigs entlang gehangelt hatte, um oben auf dem Häuschen zu liegen, war von diesem Ort immer noch begeistert, auch wenn sie inzwischen locker hochspringen konnte und nicht mehr waghalsige Verrenkungen anstellen musste, um dorthin zu gelangen. Immer häufiger vertrieb sie nun ihre Mutter aus dem oberen Teil des zweistöckigen Häuschens. Wenn sich Zerlina weigerte, ihrer Tochter zu weichen, drängte sich diese ungestüm einfach neben sie und verhakte sich, so dass die beiden menschliche Hilfe benötigten, um wieder herauszukommen.

Ohne mich selbst loben zu wollen, fand ich meine Leistung als Anführer unübertroffen. Das muss mir erst einmal einer nachmachen: Fünf Weiber, eines davon menschlich, sicher durch den Tag zu führen!

Mit sieben Wochen wurde Kali immer aufmüpfiger, und es begannen Rangeleien um die hierarchischen Strukturen. Merlin ordnete sich klug unter, weshalb ihr manche Zurechtweisung und Bisswunde erspart blieb. Kali drehte dagegen voll auf und legte sich sogar mit Polly an.

Eines Nachmittags tauchten zwei völlig unbekannte Menschen mit einem Transporter in der Hand bei uns auf und marschierten schnurstracks in die Küche. Mein Mensch nannte das Weibchen Kollegin. „Kollegin" war mit ihrem Mann gekommen. Beide rochen nach Meerschweinchen. Da sich viele Duftnoten auf ihren T-Shirts befanden, ging ich von einer Herde von wenigstens drei Schweinen aus. Bei uns schleimten sie sich zunächst mit Dill ein, streichelten Kali und taten recht harmlos, als sie sie aus dem Käfig hoben. Völlig unvermittelt steckte Kollegin die vertrauensselige Kali heimtückisch in den Kasten. Unser Mensch muss echt gepennt und von dem Attentat nichts mitbekommen haben, denn sonst hätte sie doch sicher eingegriffen, oder?

Es kam aber noch dicker, die Schweinediebe haben unsere Kalimaus nicht nur eingesperrt, sondern auch noch mitgenommen! Dieser Spaß ging eindeutig zu weit, wir würden die beiden heftig anklappern, sobald sie sie zurückbrachten.

Das mit dem Zurückbringen zog sich ganz schön hin. Zerlina wurde immer nervöser. Je weiter der Abend fortschritt, ohne dass Kali wieder auftauchte, desto mehr dämmerte uns, dass wir sie wohl verloren hatten. Zerlina war vollkommen aufgelöst. Sie suchte in jeder Ecke, in jedem Winkel nach Kali, nahm Witterung auf, lief alle Wege ab, die sie jemals gemeinsam durch Küche und Flur gerannt waren, und rief dabei jämmerlich nach ihrer Tochter. Vergebens. Es wurde für uns alle eine äußerst unruhige Nacht, denn die Mutter wollte sich einfach nicht beruhigen.

Am folgenden Morgen sah die Welt schon wieder anders aus. Einer der vielen Dinge, die wir dem Homo Sapiens voraus haben, ist, dass wir uns mit veränderten Situationen, auch wenn sie unangenehm sind, ohne Klagen schnellstens arrangieren. Wir machen eben das Beste daraus und genießen unser Leben.

Wir sahen die neue Konstellation also einfach als eine Art Kartenspiel: Quartett mit drei Damen und einem König.

Mäusejagd

Ich fühlte mich in meiner Position als Rudelführer dreier prächtiger Sauen und eines Menschen bockwohl.

So verging die Zeit ohne besondere Vorkommnisse. Solltet Ihr vergessen haben, wie Meerschweine die Zeit verbringen, empfehle ich an dieser Stelle die Wiederholung der Kapitel „Es muss nicht immer Wirbel sein" und „Das Abenteuer geht weiter".

Eines goldenen Oktobertages lüftete Britta die Wohnung ausgiebig. Sie riss alle Fenster auf und ließ auch die Terrassentür offenstehen, während sie das Badezimmer putzte. Die Gelegenheit wurde von einem rotbraunen Feldmauspaar zum Einzug genutzt. Der Mäuserich war sehr höflich und stellte sich unserem Menschen sogleich vor, indem er mit seinem Körper liebevoll ihren rechten Knöchel streifte, während er zwischen ihren Beinen hindurchschlüpfte. In Windeseile machte er es sich in ihrem Wäschekorb bequem und schaute sie mit klugen Knopfaugen an. Britta griff den Korb und wollte den ungebetenen Gast zurück in den Garten befördern. Netter Versuch. Herr Maus verweilte bis ins Wohnzimmer im Korb, wo er spontan aus dem Korb schnellte und fürs Erste unter dem Sofa verschwand. Nachdem er sich kurz orientiert hatte, flitze er weiter, diesmal unter den Schrank. Dort schlug er sein Lager auf, das er in den kommenden Tagen für sich und die geplante Familie gemütlich einrichtete. Da das Zweibein bisher lediglich Bekanntschaft mit dem männlichen Teil des Paares gemacht hatte, ging es automatisch von einer Wohnungsbesetzung durch *eine* Maus aus.

Es besorgte noch am gleichen Nachmittag eine sogenannte Lebendfalle. Ich stellte dem System nach Besichtigung sofort das Prädikat „ungenügend" aus, doch davon ließ sich mein Mensch nicht irritieren. In der Gebrauchsanweisung war zu lesen, dass so ein kleiner Nager maximal zwei Stunden darin sitzen könne, ohne dass ihm die Luft ausginge. Diese Aussage veranlasste Britta, die Falle auch nachts zu inspizieren, doch ergebnislos. Daher wurde noch ein weiteres, etwas anderes Model angeschafft, das jedoch genauso ungenutzt blieb.

Inzwischen stank die Wohnung penetrant nach Maus und die Herrschaften wurden immer dreister. Mich ekelte es heftig. Nicht nur, dass sie sich tagsüber gern in Brittas Bett tummelten und sie dann abends die Hinterlassenschaften vorfand, nein, sie nahmen die ganze Wohnung in Beschlag. Da Polly, Zerlina, Merlin und ich hier gehegt und gepflegt werden, nahm das Mäusepaar irrtümlich an, in unserem Nagerparadies willkommen zu sein. Furchtlos zeigten sie sich unserem Menschen und hatten es gar nicht eilig, wegzulaufen, wenn sich Britta näherte. Da die beiden selten zusammen unterwegs waren, glaubte die immer noch an nur ein Tier. Mir persönlich waren diese Untiere schrecklich unheimlich und es grauste mich mächtig.

Eines Nachts erlebten wir den Gipfel der Unverschämtheit. Eines dieser furchteinflößenden Monster drang ungefragt in unseren Käfig ein und bediente sich an meinen Pellets. Beide Pfoten hatte das Ungeheuer auf den Napf gelegt und tat sich gütlich. Mein Herz pochte wie wild und ich drängte mich dicht an die zitternde Polly. Ganz klein hatten wir uns gemacht, damit wir in unserem Häuschen nicht entdeckt wurden. Da für Zerlina kein Platz mehr in der Hütte war, grub sie von Grauen gepackt panisch ein Loch in die Einstreu, um sich zu verstecken. Merlin war auf die höchstmögliche Plattform geflüchtet und kreischte, was das Zeug hielt. Ihre Augen waren schreckgeweitet und sie weinte milchige Tränen.

Das tun wir so, wenn wir Angst oder anderweitig Stress haben: Dann sondern sich weiße Tropfen aus dem Tränenkanal ab, die von Menschen „Stressperlen" genannt werden.

Glücklicherweise hatte Merlins Gejaule unsere Britta auf den Plan gerufen. Sie begriff die Lage in Sekundenschnelle und reagierte prompt. Heldenhaft trat sie dem Ungetüm entgegen und griff es durch beherztes Lachen an. Die Maus erkannte die Gefahr und gab Fersengeld. Mal ehrlich, Leute, würdet Ihr in so einer prekären Situation auf eine derart geniale Idee kommen? Manchmal bewundere ich meinen Menschen zutiefst!

Solange sich die Hausbesetzer an unseren exquisiten Mahlzeiten einfach bedienen konnten, hatten sie natürlich keine Veranlassung, der Einladung in die Mausefalle Folge zu leisten. Deshalb wandte sich Britta hilfesuchend an Katharina und Stefan. Die beiden haben einen relativ gut ausgebildeten Tierverstand, so weit man das von einem Menschen behaupten kann, und wussten, dass wir unseren Menschen nur ungern ungeschützt sich selbst überließen. Von daher wurde vor unserer Zwangsevakuierung zunächst die Arbeitsgruppe „Mäusejagd" ins Leben gerufen.

Mit Besen und Kartons bewaffnet, rückten sie gemeinsam sämtliche Möbelstücke ab. Auch die Blende der Einbauküche wurde entfernt. Dahinter fand sich jede Menge von den Gesuchten produzierter, stinkender Dreck. Von ihnen selbst jedoch fehlte jede Spur. Die Verbrecher hatten sogar das Stromkabel der Waschmaschine mit ihren Zähnen präpariert. Ich war schwer besorgt und hoffte inständig, dass dies keinen Einfluss auf die Sauberkeit unserer Schlafsäcke haben würde. Diese Aktion war für die Zweibeiner nicht nur anstrengend, sie blieb leider auch fruchtlos, womit unser Schicksal besiegelt war und wir weichen mussten. Katharina und Stefan nahmen uns gleich mit, damit die Mäuse nicht weiterhin unser Futter stehlen konnten und um nicht zu verhungern, schlussendlich doch noch in einer Falle landen würden. Um ehrlich zu sein war es mir im Grunde gar nicht so unrecht. Zwar wäre es als Rudelführer meine Aufgabe gewesen meinem Menschen beizustehen, doch war es mir lieber, er wurde statt meiner von den grauen Untieren seines Futters beraubt.

Da jedoch alle Versuche, den Besuch wieder loszuwerden, erfolglos geblieben waren (sogar dem Gerücht, Mäuse würden bei Vollmond von selbst aus der Wohnung laufen, schenkte der Mensch in seiner Verzweiflung Beachtung und ließ die Terrassentür nachts offen), wurde zuletzt ein Kammerjäger engagiert.

Britta erlangte neue Erkenntnisse über die lästige Spezies. Unter anderem lernte sie von dem Profi, dass man von mehreren Tieren ausgehen muss, wenn sich eine Maus länger als ein bis zwei Tage in der Wohnung aufhält, da es sich um sehr soziale Wesen handelt. Hat sich nur ein Tier in die Wohnung verirrt, würde es von sich aus den Weg zurück zu den draußen verbliebenen Artgenossen suchen.

Bis der Spuk vorbei war, gingen sage und schreibe weitere drei Wochen ins Land. Doch dann war die Wohnung wieder mäusefrei. Bevor wir jedoch wieder in unser Heim durften, wurde eine Putzorgie veranstaltet, damit nicht versehentlich irgendwo ein Giftrest übrig war, den wir hätten finden und schlucken können. Endlich war es dann so weit, wir kehrten zurück und ich übernahm sofort wieder die Führung. Es war fast wie sonst, nur ein Nachspiel hatte diese Aktion für uns: Wir bekamen eine neue Sofagarnitur. Die Mäusefamilie hatte nicht nur riesige Löcher in die alte hineingebissen, auch die Polster stanken erbärmlich nach ihnen. Da die Sitzgelegenheiten ohnehin schon in die Jahre gekommen waren, tauschte sie mein Mensch aus. Das war natürlich wieder spannend, wie jede Veränderung in der Wohnung. Zum Glück kehrte danach bald wieder Ruhe in unser Leben ein und wir verbrachten unseren Alltag wie gewohnt. Anfangs betete ich noch aus vollem Herzen: „Lieber Gott, bitte schick uns nie wieder Verwandtschaft ins Haus!", doch als ich merkte, dass er mein Gebet erhört haben musste, machte ich meinem Ruf als „coolster Bock der Welt" wieder alle Ehre.

Wir kehrten glücklicherweise schnellstens zu unseren alltäglichen Gewohnheiten zurück, die ich mit weiteren Menschenexperimenten spannend hielt. Dabei stellte ich fest, dass ich meinen Menschen problemlos zu einer Fütterung „a la carte" überquieken konnte. Ich musste mich dazu nur traurig vor den Salat hocken, die Ohren etwas kräuseln und die Nase hoch in die Luft heben. Wie erwartet reagierte er und bot mir nach einer Weile Alternativen wie Dill oder Petersilie, Tomate, Spinat oder Paprika an. Nach einigen Wiederholungen begriff er leider, dass ich mich erst zufrieden zeigte, wenn die ersehnte Gurke vor mir lag und verkürzte seinerseits das lustige Spielchen. Das fand ich zwar etwas enttäuschend, doch muss ich zugeben, dass mein Rudel und ich im Großen und Ganzen Glück mit unserem Hausmenschen hatten. Hin und wieder benötigt er noch etwas Schliff, doch ist so ein Mensch durchaus lernfähig, glaube ich.

Und deshalb habe ich mir so viel Mühe mit meiner Geschichte gegeben, ich hoffe nämlich sehr, dass Ihr für euer eigenes Rudel einige von meinen Anregungen umsetzt oder sogar noch weiter entwickelt.

So, nun habe ich aber wirklich viel und lange erzählt und bin begeistert, dass ihr mir bis hierher gefolgt seid! Jetzt wird es aber höchste Zeit, dass ich mich verabschiede, denn ich muss mich unbedingt ganz dringend um meinen Löwenzahn kümmern!

Nachwort

Liebe Leser,

Ihr habt nun einen Einblick in unser Meerschwein-Dasein erhalten und wisst, dass unser Wohlergehen einzig und allein in Euren Händen liegt. Solltet Ihr bisher der Meinung gewesen sein, dass wir „doch nur fressen und schlafen", dann hoffe ich, euren Blickwinkel mit meinen Ausführungen ein wenig erweitert zu haben.
Inzwischen bin ich ein alter Bock, ein Methusalem sozusagen, und mein Leben neigt sich dem Ende zu. Das Laufen klappt nicht mehr so richtig, und ich freue mich, dem Mietvertrag mit der Alterspflege-Klausel in jungen Jahren zugestimmt zu haben. Auf Pflege bin ich jetzt nämlich wirklich angewiesen. Jeden Abend werde ich gesäubert, denn das bekomme ich selbst nicht mehr auf die Reihe. Britta versorgt mich mit extra Leckerli und achtet darauf, dass mich meine jüngeren Damen nicht beklauen. Meine Lieblingsplätze sind nun Hängematte und Schlafsack, den ich leider ständig einnässe. Da ich es selbst nicht mehr schaffe, die Plätze zu wechseln, hilft mir mein Mensch mehrfach am Tag dabei. Außerdem bekomme ich sehr viel Zuwendung von ihm. Trotz meiner körperlichen Einschränkung geht es mir deshalb rundum gut, und auch die Lust am Fressen habe ich nicht eingebüßt, was ich als ungeheuer wichtig erachte.
In nicht allzu ferner Zukunft werde ich meinen Körper verlassen und ins Licht gehen. Obwohl mein Mensch trauern wird, weiß ich doch, dass ich seine Erlaubnis habe, diese Welt zu verlassen. Diese Sicherheit ist für mich eine große Erleichterung. Wenn der Homo Sapiens sein Haustier um keinen Preis loslassen will, fällt uns das Sterben sehr schwer und wir quälen uns beim „Hinübergehen". Wir spüren nämlich, dass Ihr uns festhalten wollt. Ihr könnt uns den Abgang also erleichtern, indem Ihr loslasst und uns das Gefühl gebt, dass der Abschied für Euch in Ordnung geht.
Jeder, der ein Tier verloren hat, weiß, dass ein solcher Abschied fürchterlich weh tut, denn wir sind immerhin ein fester Bestandteil der Familie und reißen mit unserem Tod eine Lücke. Einige Menschen fürchten diesen doch vergleichsweise kurzen

Schmerz so sehr, dass sie lieber ganz auf ein Haustier und die damit verbundene jahrelange Freude verzichten. Aber auch der Tod gehört zum Leben, es nützt nichts, ihn zu verdrängen. Irgendwann muss sich jeder damit auseinandersetzen.

Ich persönlich darf auf ein langes und sehr erfülltes Leben zurückblicken und habe die Gewissheit, die mir gestellte Lebensaufgabe bestens gemeistert zu haben: Ich habe meinen Menschen glücklich gemacht und nach bestem Wissen und Gewissen für mein Rudel gesorgt.

Deshalb denkt daran: Es ist nicht wichtig, wie lange eine Lebensspanne dauert, es kommt darauf an, was Ihr daraus macht und wie intensiv Ihr die Zeit zusammen genießt!

Und glaubt mir, es wird für Euch ein wundervolles Gefühl sein, wenn Ihr beim Abschied sagen könnt: „Ich habe meinem Meerschwein ein schönes, artgerechtes Leben geboten."

Es dankt im Namen aller Kollegen und Kolleginnen

Euer

Manfred

Teil II

Daten, Tipps und Anregungen

Allgemeines

Was muss ich vor der Anschaffung bedenken?

Sie möchten Meerschweinchen bei sich zuhause aufnehmen? Damit die Freude sowohl für Sie als auch für die Tiere ein Meerschweinleben lang anhält, sollten Sie sich zunächst Gedanken machen, ob Sie die Pflichten und Verantwortung, die Sie mit der Anschaffung eines Haustiers übernehmen, mehrere Jahre erfüllen möchten und können. Meerschweinchen erreichen im Durchschnitt ein Alter von fünf bis sechs Jahren, es gibt jedoch auch Ausnahmen, die zehn Jahre oder noch älter werden.

Wenn die kleinen Hausgenossen ein Geschenk für Ihre Kinder sein sollen (und jedes Kind sollte möglichst ein Haustier haben), dann müssen Sie sich bewusst sein, dass Sie als erwachsene Person letztendlich die Verantwortung für die Tiere übernehmen und die Oberaufsicht führen müssen. Auch wenn Ihr Kind mit seinem Meerschweinchen liebevoll und einfühlsam umgeht, kann man speziell von jüngeren Kindern nicht erwarten, dass sie die Verantwortung tragen. Es ist einem Kind nicht möglich, alle Situationen richtig einzuschätzen und entsprechend zu reagieren. Und sollte sich herausstellen, dass die anfängliche Begeisterung und die Pflege durch den eigenen Nachwuchs nach gewisser Zeit nachlassen, bleibt die Arbeit die nächsten Jahre an Ihnen hängen.

Deshalb ist es besser, Sie machen sich vor der Anschaffung eines Lebewesens, dessen künftiges Wohlergehen alleine von Ihnen abhängt, ein paar Gedanken zur artgerechten Haltung.

Soll ich ein oder mehrere Meerschweinchen anschaffen?

Einzelhaltung ist Tierquälerei! Lassen Sie Meerschweine niemals alleine leben, *mindestens* zwei Tiere sollten als Mini-Rudel gehalten werden. Drei bis vier Tiere sind auf jeden Fall besser.
Auch ein artfremder Gesellschafter, z.B. ein Kaninchen, ist kein Ersatz für einen Artgenossen.

Habe ich Platz für einen ausreichend großen Käfig?

Pro Tier sollte ein halber Quadratmeter vorhanden sein. Für zwei bis drei Tiere sollte mindestens 1 qm Käfigfläche zur Verfügung stehen (auch zweistöckige Käfige bieten diese Fläche), falls die Tiere nicht die Möglichkeit haben, den Käfig jederzeit zu verlassen. Leider sind die von Zoofachgeschäften angebotenen Standardkäfige oft zu klein. Diese eignen sich lediglich dazu, ein Tier krankheitsbedingt für ein paar Tage vom Partner zu separieren.

Beachten Sie, dass ein Kaninchenkäfig nicht ideal ist. Obwohl er normalerweise eine größere Grundfläche bietet, ist seine Einstiegshöhe (Schale) für das Meerschweinchen zu hoch, d.h. die Tiere haben beim Raus- und Reingehen Schwierigkeiten. Hier können Sie mit entsprechenden Rampen oder Stufen Abhilfe leisten. Jedoch ist das Anbringen der Trinkflasche ein wirkliches Problem, da die Meerschweinchen sie kaum erreichen können. Falls sie es gerade so schaffen, überstrecken sie den Kopf beim Trinken und verschlucken sich dabei. Einige Tiere benutzen diese Trinkquelle dann vorsichtshalber erst gar nicht.

Gut ausgestattete Käfige und Freilauf sind ideal.

Werde ich den Wohn-Bedürfnissen der Meerschweinchen gerecht?

Folgende Punkte sollten gewährleistet sein:
Der Standort sollte ruhig, hell, zug- sowie rauchfrei sein. Meerschweinchen dürfen weder im Zug noch zu nah an einer Wärmequelle wie z.B. einer Heizung untergebracht werden. Der Käfig steht am besten an einem ruhigen, hellen Platz, jedoch nicht in der prallen Sonne.

Sollte der Käfig an einer Stelle stehen, an der ständig „Durchgangsverkehr" herrscht, sollten Sie den Käfig erhöht aufstellen, damit die Meerschweinchen nicht so leicht erschrecken.

Bitte achten Sie darauf, dass keine frei zugänglichen Kabel in Meerschweinreichweite herumliegen. Die Tiere sind sehr neugierig und nagen gern an den Kabeln, was schnell tödlich enden kann.

Meerschweinchen haben ein signifikant besseres Gehör als Menschen und sind außerdem äußerst schreckhafte Tiere. Deshalb sollten Sie Ihren tierischen Mitbewohnern lieber eine Alternative zum Spielzimmer Ihrer Kinder anbieten, falls diese sehr lebhaft und/oder hektisch sind und sich häufig lautstark austoben. Meerschweinchen fühlen sich in diesem Fall in Küche oder Wohnzimmer wesentlich wohler, und die Kinder haben trotzdem die Möglichkeit, ihrer Pflegerrolle gerecht zu werden.

Sollte dies aus räumlichen Gründen nicht möglich sein, sollten Sie die Anschaffung einer robusteren Tierart, z.B. Katze oder Hund, in Erwägung ziehen, denn diese Tiere können sich im Gegensatz zum Meerschweinchen einfach in eine stillere Ecke verziehen, sobald es ihnen zu turbulent wird.

> Aufgrund der ausgeprägten Lärmempfindlichkeit der kleinen Nager sind auch Stellplätze neben Stereoanlagen, Fernsehern o. ä. nicht empfehlenswert.

Des Weiteren ist eine rauchfreie Umgebung wichtig. Genau wie das Gehör ist auch der Geruchssinn der Tiere bei weitem besser ausgeprägt als der des Menschen. Daher leiden sie sogar noch extremer als manch ein menschlicher Nichtraucher, wenn sie ständig von Zigaretten- oder Zigarrenrauch umgeben sind. Falls Sie starke Raucher in der Familie haben, sollten Sie daher bitte überlegen, ob Sie den Meerschweinchen einen Raum anbieten können, in dem nicht geraucht wird, oder ob eine Draußenhaltung in Frage kommt.

Falls Sie keine Möglichkeit sehen, die passende Umgebung für Ihre Meerschweinchen zu schaffen, sollten Sie sich überlegen, ob Sie den Tieren zuliebe nicht besser auf die Anschaffung verzichten.

Habe ich Zeit für meine Meerschweinchen?

Wenigstens 1 bis 2 Stunden täglich sollten eingeplant werden. Bedenken Sie vor der Anschaffung den zusätzlicher Zeitaufwand bei Erkrankung der Tiere.

Da sich die Tiere miteinander beschäftigen, ist die Bindung an den Menschen nicht so stark wie zum Beispiel bei einem Hund. Das soll jedoch nicht heißen, dass Meerschweinchen nicht handzahm werden und sich nicht gerne streicheln lassen. Sie müssen täglich Zeit für Ihre Nager einplanen.

Die Tiere benötigen täglich mehrfach (mindestens zwei- bis dreimal) kleinere Portionen Frischkost, das Trinkwasser muss regelmäßig gewechselt, und die Nager beschäftigt werden. Dazu gehört unter anderem auch der tägliche längere Auslauf, falls Sie den Käfig nicht ohnehin offen halten.

Meerschweinchen machen Dreck. Nicht nur der Käfig muss ein- bis zweimal pro Woche gesäubert werden, Heu, Stroh und Pellets fallen immer heraus. Es ist unvermeidlich, dass Sie diese an den Füßen durch die ganze Wohnung tragen. Meerschweinchen produzieren kleine, harte Köttel, die sich zwar problemlos auffegen oder saugen lassen, sie werden jedoch vom Meerschweinchen überall fallengelassen, da die Tiere in den seltensten Fällen stubenrein werden. Dies bedeutet für Sie einen erhöhten Putzaufwand.

Die Tierpflege (Krallen schneiden, bei langhaarigen Rassen das Fell bürsten) ist nicht besonders aufwendig, muss jedoch regelmäßig geschehen.

Bei Krankheit fallen Tierarztbesuche an, die oft mit Wartezeiten verbunden sind. Kranke, verletzte oder sehr alte Tiere benötigen zusätzliche Pflege: Medikamentengabe, Verbandswechsel, Säubern der Meerschweinchen (z.B. bei Durchfall), Zwangsernährung (alle 2 Stunden) usw.

Wie sieht es mit meinem eigenen Hygienebedürfnis und Geruchssinn aus?

Wie gesagt, die Tiere machen Dreck. Sie werden Ihre Wohnung nie mehr „klinisch rein" bekommen. Können Sie damit leben?

Obwohl Meerschweinchen bei weitem weniger scharfe Ausdünstungen produzieren, als es z.B. Kaninchen oder Ratten tun, kann man selbst mit qualitativ hochwertiger

Einstreu und regelmäßigem Saubermachen die Gerüche lediglich auf ein Minimum reduzieren. Sie werden diese Haustiere in der Wohnung immer riechen können.

Natürlich gewöhnt man sich schnell daran, und die meisten Tierhalter nehmen den Geruch nach einer Weile gar nicht mehr wahr. Doch gibt es sehr geruchsempfindliche Menschen, die sich niemals daran gewöhnen. Wenn Sie oder Familienmitglieder zu dieser Gruppe gehören, werden Sie nicht viel Freude an den Tieren haben.

Kommen bei Ihnen in der Familie Allergien vor?

Dies können sein: Allergien auf Tierhaare oder Allergien auf Heu / Stroh. Falls eine Allergie besteht, sollten Sie sich und Ihre Lieben vor der Anschaffung eines Haustiers auf eine Tierhaarallergie testen lassen.

Bedenken Sie, dass nicht nur das Fell unserer Vierbeiner Allergien auslösen kann, auch Heu und Stroh können ursächlich sein. Und da Heu das Grundnahrungsmittel eines Meerschweins ist, können Sie es nicht einfach weglassen.

Allergien auf Heu sind nicht selten.

Tipp: Bei der Einstreu können Sie notfalls Baumwoll-(Zellulose-) Einstreu anstelle des Strohs verwenden.

Sollten Sie keine ärztliche Untersuchung wünschen, können Sie mögliche Reaktionen auch testen, indem Sie ein Tierheim besuchen und sich mindestens eine halbe Stunde im Kleintierhaus aufhalten. Danach wissen Sie sicher Bescheid.

Wo bringe ich meine Tiere bei Abwesenheit unter?

Was passiert im Urlaub, bei Krankenhausaufenthalten, beruflicher Abwesenheit und Wochenendtrips?

Wer kümmert sich um Ihre Haustiere, wenn Sie verreisen oder zum Beispiel in ein Krankenhaus müssen?

Selbst wenn Sie lediglich für zwei Tage weg sind, ist es besser, ein „Sitter" sieht nach den Meerschweinchen, denn es könnten kleinere Unglücke geschehen, wie z.B. das Herunterfallen der Trinkflasche. Oder eines der Tiere könnte ausgerechnet während Ihrer Abwesenheit mit seinem Beinchen an den Gitterstäben des Käfigs hängen bleiben oder sich beim Spielen/Gerangel mit den Kollegen verletzen.

Meerschweinchen teilen sich Grünfutter nicht ein. Frischkost wird auch in großen Mengen sofort aufgefressen, was zu Koliken führen kann. Deshalb sollten Sie ihnen nicht einfach mehrere Portionen auf Vorrat vorlegen.

Daher ist es in jedem Fall besser, wenn ein Nachbar, Freund oder Kollege wenigstens einmal täglich während Ihrer Abwesenheit nach den Tieren sieht.

Falls Sie niemanden im Familien- oder Freundeskreis haben, der Ihre Meerschweinchen betreuen kann, können Sie im Tierheim oder Zoogeschäft nachfragen. Diese bieten manchmal gegen entsprechendes Entgelt Pflegestellen an. Auch eine Anfrage bei Ihrem Tierarzt lohnt sich. Er kann Ihnen eventuell geeignete (mitunter private) Pflegstellen empfehlen.

Für Meerschweinchen ist eine längere Autofahrt in der Transportbox äußerst stressig und unangenehm. Daher sollten Sie Ihre Tiere nur im Notfall mit in einen weit entfernten Urlaubsort nehmen.

Kosten

Dazu gehören: Anschaffungskosten, laufende Kosten, Tierarztkosten und Kosten für die Urlaubsunterbringung.

Denken Sie daran, es entstehen nicht nur einmalige Anschaffungskosten (die Kosten für das / die Tier(e), der Käfig, die Ausstattung), sondern auch regelmäßige Ausgaben für Frischfutter, Pellets, Heu, Stroh, Einstreu, Leckereien werden auf Sie zukommen.

Trinkflaschen sollten aus hygienischen Gründen mindestens einmal im Jahr ersetzt werden. Futternäpfe, Häuschen, Hängematten und anderes Equipment unterliegen natürlichem Verschleiß und müssen ersetzt werden.

Je nachdem, was Ihrem Vierbeiner fehlt, können die Kosten für einen einzelnen Tierarztbesuch plus Medikamente schnell zwischen 30,- und 100,- Euro betragen.

Wenn Sie verreisen, müssen Sie die Meerschweinchen eventuell extern unterbringen. Auch hier fallen Kosten für Kost und Logis an.

Sind Sie bereit, dieses Geld voraussichtlich über Jahre hinweg aufzubringen?

Soll ich Weibchen oder Männchen bei mir aufnehmen?

Zwei oder mehrere Böcke (Männchen) vertragen sich in der Regel nur dann, wenn sie aus einem Wurf stammen und nicht mit Weibchen zusammen leben. Trotzdem ist eine Kastration der Männchen anzuraten, da man sie so nach Ableben des Partners oder später auftretenden Rivalitätskämpfen problemlos trennen und mit Weibchen in einen Käfig setzen kann.

Auch das Zusammenleben eines alten mit einem sehr jungen Böckchen kann funktionieren, aber ohne Gewähr, da zwischen Böcken auch nach einiger Zeit der Harmonie Konkurrenzstreitigkeiten ausbrechen können. Außerdem ist der Junge noch recht agil und unternehmungslustig, während der Alte viel Schlaf und Ruhe bevorzugt. Daher ist diese Kombination nicht optimal.

Mehrere Weibchen können problemlos zusammen gehalten werden. Auch die Kombination zwischen einem (bitte kastrierten) Bock mit ein oder mehreren Weibchen funktioniert im Normalfall bestens und ist im Grunde die zu bevorzugende Variante, da diese die natürliche Form des Zusammenlebens darstellt.

Haben Sie ein ausreichend großes Terrain für ein großes Rudel, funktioniert auch die Haltung von mehreren Böcken mit Weibchen, sofern der Anteil der Weibchen überwiegt und sich die Männchen aus dem Weg gehen können.

Wenn Sie alle erwähnten Schwierigkeiten auf sich zu nehmen bereit sind, dann: **herzlichen Glückwunsch**! Sie holen sich mit diesen drolligen und liebenswerten Gesellen viel Freude nach Hause.

Meerschweinchen (Caviidae)

Unser Hausmeerschweinchen (Cavia aperea porcellus) wird den Nagetieren (Rodentia) zugeordnet. Es stammt ursprünglich aus Mittel- und Südamerika und wurde von den Einwohnern, den Indios, hauptsächlich zur Fleischgewinnung und zu Opferzwecken domestiziert.

Wie das Meerschweinchen zu seinem Namen kam ist bis heute nicht ganz sicher. Die gängigste Erklärung ist immer noch die vom „quiekenden Schwein, das über das Meer fuhr". Im 16. Jahrhundert wurden die niedlichen Nager auch in Europa beliebt. Holländische und spanische Seefahrer brachten sie von ihren Reisen mit, hauptsächlich als Spielgefährten für ihre Kinder. Da die Tiere während des Transports über das Meer wie Ferkel quiekten, erhielten sie ihren Namen: kleines Schwein von jenseits des Meeres. Doch auch die lateinische Bezeichnung bezieht sich auf das Schwein: „porcellus" bedeutet nämlich „kleines Schwein". Der englische Name „guinea pig" entstand durch die horrende Summe, die man für Meerschweinchen bezahlen musste. Ein „Guinee" war eine Goldmünze, und nur Edelleute konnten sich den Luxus eines solchen Haustieres leisten. Inzwischen wird das Wort „guinea pig" umgangssprachlich häufig durch „cavy" (Ableitung von cavia) ersetzt.

Heute gibt es viele verschiedene Rassen, wie z. B. Peruaner, Rex, Teddy, Shelty, Coronet, Angora, Texel, Merino und noch viele mehr. Man unterteilt alle Rassen ganz grob in Langhaar-, Kurzhaar- und Rosettenmeerschweinchen.

Eine Besonderheit ist das sogenannte Cuy

(Riesenmeerschweinchen), das es auch in verschiedenen Rassen gibt. Es kann ein Gewicht bis zu 4 kg erreichen und hat eine maximale Lebenserwartung von 3 Jahren.

Meerschweinchen sind sogenannte Herden- oder Rudeltiere und leben in Gruppenverbänden zusammen. Sie haben ein ausgeprägtes Sozialverhalten und verständigen sich untereinander durch die verschiedensten Laute, z.B. quieken, quietschen, gurren, pfeifen, brummen usw. Als Nestflüchter sind sie bereits bei der Geburt vollständig entwickelt und laufen nach wenigen Stunden mit den ausgewachsenen Tieren mit. Außerdem nehmen sie ab dem ersten Tag zusätzlich zur Muttermilch feste Nahrung zu sich. Als Säugetiere werden sie die ersten drei bis vier Wochen von der Mutter gesäugt, ab der vierten, spätestens der fünften Woche setzt langsam die Entwöhnung ein.

In freier Natur leben Meerschweinchen in Erdhöhlen, daher fühlen sie sich auch bei uns an überdachten Plätzen, wie z.B. in Häuschen, Korktunneln, Pappkartons, Schlafsäcken usw. am wohlsten. Der wichtigste natürliche Feind eines freilebenden Meerschweins ist der Greifvogel, daher bevorzugen auch Hausmeerschweinchen instinktiv „geschützte" Wege und laufen z.B. lieber unter einem Tisch hindurch und an der Wand entlang, bevor sie sich über freie Fläche bewegen.

Daten

Gattung Caviidae
Familie Cavia (eigentliche Wildmeerschweinchen)
Meerschweinchen zählen zu den Nagetieren (Rodentia).

Gewicht:
Weibchen: 900–1100 g
Männchen: 1000–1500 g

Bei Meerschweinchen gilt: lieber geringfügig zu viel als zu wenig Gewicht, da die Tiere im Krankheitsfall rapide an Gewicht verlieren.

Jungtiere kommen mit einem Körpergewicht zwischen 40 und 100 g auf die Welt.

Größe:

Ca. 25–35 cm

Lebenserwartung:

Durchschnittlich 5–6 Jahre

Ausnahmen gibt es natürlich immer. Das höchste derzeit dokumentierte Alter eines Meerschweinchens beträgt 14 Jahre.

Paarungszeit:

Alle 14 bis 18 Tage

Vorsicht, das Weibchen ist direkt nach der Geburt wieder aufnahmefähig.

Tragezeit:

Ca. 68 Tage

Jungtiere

1–6 Tiere pro Wurf

In der Regel kommen beim ersten Wurf weniger Jungtiere zur Welt als bei den folgenden.

Sollte der Wurf mehr als 6 Babys haben, was vorkommt, sind die Jungen häufig nicht lebensfähig.

Geschlechtsmerkmale

Beim Weibchen ähnelt das Geschlechtsorgan einem Y, das sich bis zum After zieht.

Beim Bock tritt der Penis hervor, wenn man **sachte** in der Analregion auf den Bauch drückt.

Vorsicht, die Unterscheidung ist gerade bei Jungtieren nicht einfach!

Anatomie

Zähne

Meerschweinchen besitzen sowohl im Ober- als auch im Unterkiefer Nagezähne, die ein Leben lang nachwachsen. Außerdem befinden sich im hinteren Bereich Mahlzähne.

Lange Zeit ging man davon aus, dass sich die Nagezähne lediglich durch das Nagen harter Kost abschleifen. Inzwischen weiß man, dass auch das Kauen von Heu eine wichtige Rolle bei der Abnutzung spielt.

Verdauungssystem

Der Magen-Darmtrakt des Meerschweins ist außerordentlich empfindlich. Die richtige Ernährung ist daher sehr wichtig. Der sogenannte Stopfmagen des Meerschweinchens (übrigens auch des Kaninchens) besitzt im Gegensatz zu den meisten Säugetieren kaum Muskeln. Deswegen gelangt der vorverdaute Inhalt nur dadurch in den Dünndarm, dass von oben, also durch die Speiseröhre, neue Nahrung nachgeschoben wird. Deshalb ist das Meerschweinchen auch den größten Teil des Tages mit Nahrungsaufnahme beschäftigt. Zwischen 60 und 80 kleinen Mahlzeiten (manchmal nur einzelne Halme) nimmt es innerhalb von 24 Stunden zu sich.

Vom Magen gelangt der Nahrungsbrei in den Dünndarm. Füttert man dem Meerschweinchen schwerverdauliches Getreide, das Stärke enthält (Zucker), können sowohl Verfettung des Tieres als auch längere Fresspausen die Folge sein. Zu lange Pausen zwischen den Mahlzeiten wirken sich wiederum schädlich auf die Verdauung aus.

Die richtige Ernährung eines Meerschweinchens besteht aus großen Mengen rohfaser- und zellulosehaltiger Nahrung (Heu, Stroh, Pellets, Frischfutter). Ein Großteil des Futters muss aus Heu und Stroh bestehen, das den Tieren rund um die Uhr frisch zur Verfügung stehen muss.

Die Verdauung der Nahrung findet hauptsächlich im Blinddarm durch lebende Mikroorganismen statt. Bei falscher Ernährung oder durch Gabe von Antibiotika wird die Zusammensetzung dieser Organismen gestört, was zu massiven Störungen der

Verdauung führen kann. Ist das System nachhaltig gestört, befindet sich das Tier in akuter Lebensgefahr.

Man unterscheidet bei der Verdauung den „normalen" Kot und den sogenannten Blinddarmkot. Letzteren, die sogenannten „Blinddarm-Pillen", die an eine Perlenkette erinnern, fressen die Tiere wieder auf, um spezielle Nährstoffe, unter anderem die Vitamine des B-Komplexes, besser aufnehmen zu können.

Wie der Mensch ist das Meerschweinchen nicht in der Lage, Vitamin C selbst zu produzieren. Dieses muss über die Nahrung zugeführt werden. Vitamin C befindet sich hauptsächlich in Gemüse und Obst (siehe hierzu auch die Futterempfehlungen).

Gehör

Das Gehör ist extrem gut ausgebildet. Das Innenohr hat doppelt so viele Windungen wie das des Menschen. Dadurch können die Tiere Frequenzen bis zu 33 kHZ wahrnehmen (der Mensch erfasst Töne bis zu etwa 20 kHZ). Dies macht das Meerschweinchen äußerst lärmempfindlich.

Augen

Die Augen liegen seitlich im Kopf, was den Tieren ein weites Sichtfeld und frühe Feinderkennung ermöglicht. Dafür sehen sie jedoch das direkt vor ihnen Liegende schlecht.

Ernährung

Bei Meerschweinchen werden aus Unwissenheit oft fatale Fütterungsfehler gemacht, die zum vorzeitigen Ableben der Tiere führen können.

Wenn das Meerschweinchen unter Durchfall oder Verstopfung leidet, sollten Sie umgehend die Nahrung umstellen.

Bei jeder Nahrungsumstellung ist zu beachten, dass diese in kleinen Schritten erfolgt. Am besten mischen Sie das neue Futter (Pellets oder Frischkost) anfangs in kleinen Mengen unter das gewohnte und verändern die Anteile nach und nach, bis die Umstellung vollständig ist.

Nimmt das Meerschweinchen selbst keine Nahrung mehr auf, ist eine Zwangsernährung (siehe folgendes Kapitel) unumgänglich, da das Verdauungssystem bereits nach einem halben Tag ohne Nahrungszufuhr zu kollabieren beginnt.

Saftfutter (Gemüse und Obst) sollte stets frisch und mit Zimmertemperatur (niemals direkt aus dem Kühlschrank) gefüttert werden. Meerschweinchen lieben Frischfutter, das reichlich Bitterstoffe enthält.

Um die Tiere gesund und ausgewogen zu ernähren, empfiehlt es sich, täglich eine Mischung aus mehreren Saftfuttersorten anzubieten, denn eine abwechslungsreiche Kost schützt vor Krankheiten.

> Übrigens, vertrauen Sie nicht auf den „natürlichen Instinkt" Ihres Meerschweinchens! Neugierige Tiere testen gerne mal, was sich eventuell als essbar erweisen könnte und unterscheiden dabei nicht zwischen genießbar, unverträglich oder sogar giftig!

Ernährungsempfehlung für eine ausgewogene Meerschweindiät

Trinkwasser

Auch wenn Sie eine Trinkflasche verwenden, sollte das Wasser täglich gewechselt werden. Die Flasche muss dabei gründlich gereinigt werden, da sich ansonsten Bakterien und Pilze in dem Behälter ansiedeln können.

Die Flasche selbst sollte einmal im Jahr durch eine neue ersetzt werden.

Wasser kann auch in Schalen zur Verfügung gestellt werden. Es verdreckt jedoch schneller.

Wenn Sie den Meerschweinchen zunächst beides anbieten, werden Sie die Vorlieben der Tiere bald erkennen.

Heu

Heu ist Grundnahrungsmittel und sollte jederzeit zur Verfügung stehen.

Tipp: Gutes Heu erkennen Sie beim Kauf daran, dass es locker in eine Plastiktüte mit Löchern zum „Atmen" abgepackt wurde. Ist das Heu nicht in Ordnung, können Sie es am Geruch erkennen. Gutes Heu riecht intensiv und frisch, altes hingegen riecht wenig bis muffig.

Meerschweinchen verkriechen sich gern in Heu und Stroh und knabbern natürlich auch an dem „Versteckheu". Da die Tiere es dabei durch Urin und Kot verunreinigen, müssen die Reste täglich entfernt und ersetzt werden. Zusätzlich bietet sich eine Heuraufe an, in der das Heu sauber bleibt.

Pellets

Unterstützen die Verdauung, versorgen die Tiere mit allen notwendigen Vitaminen und Spurenelementen und sorgen für Zahnabrieb.

Persönlich habe ich gute Erfahrungen mit den folgenden Produkten gemacht, die garantiert getreidefrei sind:

- Healthy Guinea Pig Pro (Oxbow): Beim Tierarzt erhältlich oder im Internet. Form: Standardpellets.
- Bunny SchlemmerWiese Kräuter oder Bunny SchlemmerWiese Basis: Erhältlich in der Zoohandlung oder im Internet. Form: Dreikantenform, wird daher von manchen Tieren auch nach längerer Eingewöhnungszeit nicht angenommen.

Grundsätzlich sollten Sie vor dem Kauf von „Meerschweinfutter" die Liste der Inhaltsstoffe durchlesen. Ist weder Getreide noch Zucker oder Honig enthalten, ist dieses in jedem Fall geeignet.

Saftfutter:

1) **Salate**

- Chicoree: Bitterstoffe, Vitamin C, B-Komplex.
- Chinakohl: Kalium, Vitamin C, Kalzium, Magnesium.
- Endiviensalat: Bitterstoffe, hoher Gehalt an Kalium und Kalzium.
- Eisbergsalat: Vitamin C und A.
- Feldsalat: sehr reich an Vitamin C, Kalium, Kalzium.
- Löwenzahn: Bitterstoff, hoher Kaliumgehalt, wirkt leicht abführend.
- Radicchio: Bitterstoffe, Vitamine B1, B2, C, Kalium, Kalzium; Phosphor.
- Römersalat (Romana): Vitamin C.
- Rucola: Folsäure, sehr hoher Jodgehalt, **Vorsicht** bei Schilddrüsenproblemen.

2) Diverse Gemüsesorten

- Blumenkohl: In *winzigen Mengen* (wenn überhaupt) und nicht täglich füttern! Sowohl das eigentliche Gemüse als auch die Blätter werden von den Tieren heiß geliebt, führen jedoch in größeren Mengen zu Blähungen, deshalb vorsichtig dosieren.
- Broccoli: In kleinen Mengen und nicht täglich füttern! Blähungen!
- Fenchel: Vitamin C, Kalium, Kalzium, Magnesium.
- Gurke: Vitamin K, Kalium, Phosphor.
- Karotten: Vitamin A, Selen (zuckerhaltig, Dickmacher).
- Kohlrabi: wie bei „Blumenkohl", siehe oben.
- Mais (frische Maiskolben!): Mais ist sehr gehaltvoll. Hoher Zuckeranteil, außerdem: Vitamin C, B-Gruppe und A, Kalium, Kalzium, Phosphor, Eisen und Natrium.
- Möhrenkraut: hoher Kaliumgehalt, nur kleine Mengen füttern!
- Paprika: reich an Vitamin C.
- Rote Beete: Vitamine des B-Komplexes und die Vitamine A und C. Des Weiteren sind enthalten: Folsäure, Kalium, Kalzium, Magnesium, Jod.
- Sellerie: Vitamine C und E, Kalium, Magnesium. Geringe Mengen füttern, Blähungsgefahr!
- Spinat: Vitamine des B-Komplexes und Vitamin C. Bitte keinen aufgetauten Tiefkühl-Spinat füttern!
- Tomate: Vitamin A, C, E, B1 und B2. In kleinen Mengen füttern, da zu viel davon die Mundschleimhaut reizt.

3) **Kräuter**

Basilikum ist auch in der Meerschweinchenküche beliebt.

- Basilikum: Vitamin A und C
- Bohnenkraut: Bitterstoffe, ätherische Öle
- Brunnenkresse: Bitterstoffe, Vitamine A, B1, B2, C, E, Eisen, Jod, Phosphor, Kalzium
- Dill: Vitamine A, B-Gruppe, C, D und E.
- Petersilie: reich an Vitamin C, hoher Kalziumgehalt, daher max. 2 Stängel pro Tier füttern.
- Salbei: Bitterstoffe, ätherische Öle, Gerbstoffe.

4) **Obst**

- Apfel: Vitamin C.
- Banane: geringe Mengen, da hoher Zuckergehalt (Dickmacher!)
- Birne: Vitamin C, hoher Kalium-Anteil.
- Erdbeeren: Sehr hoher Vitamin-C-Anteil (mehr noch als in Zitrusfrüchten). Gut waschen!

- Orangen, Mandarinen, Kiwi: Vitamin C. In kleinen Mengen füttern, da zu viel davon die Mundschleimhaut angreift. Einige Tiere nehmen keine Zitrusfrüchte an.
- Wassermelone, Vitamine A und C.
- Andere Melonen: Geringe Mengen füttern, da hoher Zuckergehalt (Dickmacher!)

5) Wiesenfutter

Eine Auswahl:

Gänseblümchen: Meerschweinchen lieben sie wegen ihres leckeren Geschmacks.

- Gänseblümchen
- Gras
- Huflattich
- Löwenzahn
- Luzerne
- Schafgarbe
- Vogelmiere
- Wegerich

Die Futterumstellung im Frühjahr/Sommer langsam mit kleinen Portionen beginnen, da sie sonst zu Blähungen und Durchfall und ggf. zum Tod der Tiere führen kann.

Auf Grund der hohen Schadstoffbelastung sollte das Futter nicht an stark befahrenen Straßen gesammelt werden, auch beliebte Hundegassiplätze sind aus hygienischen Gründen ungeeignete „Futterlieferanten".

Leckerlis

Folgende Futtermittel sollten generell nur in kleinen Portionen, eben als „Leckerli" gefüttert werden, da es sich dabei bis auf wenige Ausnahmen um „Dickmacher" handelt.

- Grüner Hafer (getrocknet): äußerst beliebt
- Grüner Mais (getrocknet)
- Möhrenkraut (getrocknet)
- Löwenzahn (getrocknet)
- Brennessel (getrocknet)
- Luzerne (getrocknet)
- Bucheckern
- Hagebutten (getrocknet)
- Maisflocken
- Erbsenflocken
- Bananenchips (ungeschwefelt)
- Johannisbrot (getrocknet)

Johannisbrot eignet sich nur in kleinen Mengen als Futter für die Schweinchen.

Unter anderen Firmen bietet „Bunny" diverse getreidefreie Leckerlis an (Knabberstangen, Blöcke usw.). Im Zoohandel oder Internet erhältlich.

Äste / Beschäftigungsfutter

> **Vorsicht!** Nicht alle Bäume und Sträucher eignen sich als Beschäftigungstherapie für Meerschweinchen, da viele giftig sind. Selbst wenn einige davon für den Menschen ungefährlich sind, sind sie dennoch nicht für Meerschweinchen bekömmlich.

1) Geeignet sind **Äste** von:
   - Apfelbaum
   - Birnbaum
   - Hasel
   - Kirschbaum
   - Birke
   - Buche
   - Fichte
   - Kiefer
   - Linde
   - Tanne / Tannenzapfen

Die Liste ist sicher nicht vollständig, aber dafür garantiert ungefährlich für Ihre Tiere.

2) Hartes Brot: Da es aus Getreide besteht, sollte hartes Brot nur gelegentlich zur Beschäftigung gegeben werden.

3) Maiskolben: Entfernen Sie die äußersten Blätter, da sich dort Spritzrückstände befinden können. Die inneren Blätter werden gerne gefressen.

> **Tipp:** Schälen Sie einen Maiskolben ähnlich einer Banane, so dass die Blätter vom Kolben abstehen, und befestigen Sie diesen mit einer Schnur am Käfigdeckel. Die Tiere recken und strecken sich, um an das Futter zu gelangen, und sind somit eine ganze Weile beschäftigt.

4) Apfel: Im Ganzen vorgelegt, regt der Apfel den Spieltrieb der Meerschweinchen an. Da sie sich in der Regel alle gleichzeitig darauf stürzen, wird das Obst ständig weggeschoben. Somit müssen sich die Tiere ihren Anteil erarbeiten. **Vorsicht:** Bei einer Befestigung mit Draht besteht Verletzungsgefahr

5) Birne: wie Apfel

6) Katzengras: In der Schale oder im Topf hingestellt (also nicht geschnitten), müssen sich die Tiere anstrengen, um dran zu kommen. Sehr beliebt!

Ungeeignete / giftige Nahrungsmittel

1) Gemüse

- Kopfsalat: Auf Grund des hohen Nitratgehalts für Meerschweinchen ungeeignet.

Kopfsalat sieht lecker aus, sollte aber nicht an Meerschweinchen verfüttert werden.

- „Blähgemüse" kann zum Tod des Tieres führen:
- Bohnen
- Grünkohl
- Lauch
- Radieschen

- Rettich
- Rotkohl
- Weißkohl
- Zwiebel
- Erbsen(-hülse)
- Bärlauch
- Knoblauch
- Schnittlauch
- gekochter oder Dosenmais: Durch die Bearbeitung unverträglich.

2) Obst

Beim Obst gehört das Steinobst zum „Blähobst" und sollte daher, falls überhaupt, in geringen Mengen und keinesfalls täglich gefüttert werden.

Hierzu gehören u.a.

- Aprikose
- Kirsche
- Pfirsich
- Pflaume

3) Tierische Produkte

Absolut ungeeignet, Fütterung kann tödlich enden.

Meerschweinchen sind nicht in der Lage, tierische Produkte zu verdauen. Hierzu gehören:

- Milch
- Fleisch
- Fisch
- Eier
- Fette

Der einzige Ausnahmefall ist das Auffressen der Plazenta direkt nach der Geburt. Dadurch werden vom Muttertier nicht nur wichtige Nährstoffe aufgenommen, sondern auch ein möglicher Lockstoff für Fressfeinde vernichtet.

4) Pflanzen

    a) **Zierpflanzen (drinnen):** Giftig!
    b) **Zierpflanzen (draußen):** Nicht alles, was im Garten wächst, ist für das Meerschweinchen ungefährlich, da viele Ziersträucher und Büsche für Meerschweinchen giftig sind.

An der Eibe sind alle Teile giftig.

Beispiele für giftige Pflanzen:

- Immergrün
- Lupine
- Forsythie
- Tulpe
- Kastanienäste/Kastanien
- Eberesche
- Efeu

- Eibe
- Flieder
- Sommerflieder
- Wicke
- Astern
- Heidekraut
- Laub
- Lärche
- Maiglöckchen
- Buchsbaum
- Margariten
- Mistelzweige
- Zedern
- Zierkirsche / Zierapfel / Zier....usw.
- Klee: in größeren Mengen unverträglich

Achtung! Füttern Sie niemals eine Pflanze, wenn Sie sich nicht völlig sicher sind. Ein einziger Fehlgriff kann für Ihr Meerschweinchen tödlich enden!

5) Diverses

- Honig
- Zucker
- Salz /Gewürze
- Essig
- Öl / andere Fette

Zwangsernährung

Wenn sich Meerschweinchen nicht wohl fühlen, Schmerzen oder Verletzungen haben, kann es zur Futterverweigerung kommen.

Bitte suchen Sie in diesem Fall *sofort* einen Tierarzt auf. Fangen Sie, sobald Sie bemerken, dass das Meerschweinchen nicht mehr frisst, ohne weitere Verzögerung mit der Zwangsernährung an. Es ist unumgänglich, dass Sie das Tier alle 2 bis 3 Stunden zur Nahrungsaufnahme zwingen. Damit das Verdauungssystem im Gleichgewicht bleibt (siehe oben: Stopfmagen) und das Tier alle lebensnotwendigen Rohfasern, Vitamine und Spurenelemente erhält, wurden spezielle Mischungen entwickelt, die Sie dem Tier während der kritischen Phase als Brei angerührt verabreichen können.

Bewährt haben sich: Critical Care oder Rodi Care instant

Sie können diese oder andere Pulver über Ihren Tierarzt beziehen oder auch im Internet bestellen.

Die Mittel werden mit lauwarmem Wasser, je nach gewünschter Konsistenz, zu einem Brei angerührt.

> **Tipp:** Sollte das Meerschweinchen freiwillig Nahrung aufnehmen wollen, aber nicht kauen können (z.B. nach einer Zahn- oder Kieferoperation), kann man den dickflüssigen Brei in einer Schale anbieten.

Bei Nahrungsverweigerung wird das Pulver dünnflüssig zubereitet und über eine Spritze (ohne Nadel) in das Maul eingespritzt, indem man diese seitlich einführt. Im Kiefer des Meerschweinchens befindet sich zwischen den Vorderzähnen und den hinteren Mahlzähnen eine Lücke. Bitte vermeiden Sie eine Überstreckung des Kopfes nach hinten, da sich das Tier ansonsten leicht verschluckt. Das Futtermittel wird nun langsam, mit ausreichenden Schluckpausen, in das Maul gedrückt. Eine genaue Dosierungsanleitung und Beschreibung der Inhaltsstoffe finden Sie auf der Packung. Es ist keine zusätzliche Gabe von Vitamintropfen o. ä. notwendig, da alle wichtigen Nährstoffe in diesen Produkten enthalten sind. Sollte das Meerschweinchen unter Blähungen leiden, kann dem Brei morgens und abends je ein Tropfen „Saab" oder „Lefax" für Säuglinge beigefügt werden.

Sobald das Tier anfängt, wieder selbstständig Nahrung aufzunehmen, können Sie die Zufütterung des Notfallpräparats auf morgens/abends beschränken und völlig einstellen, sobald wieder normal große Portionen vom Patienten gefressen werden.

Käfigausstattung / Beschäftigung

Einstreu:

Die Käfigeinstreu ist eine wichtige Voraussetzung für das Wohlbefinden der Nager.

Empfehlenswert sind:

- Gepresste Strohpellets: staubarm, nehmen Flüssigkeit sehr gut auf und sind geruchsbindend. Der markenabhängige, zum Teil deutliche Preisunterschied ist kein Hinweis auf die Qualität der Einstreu.
- Hanfstreu: ist staubärmer als andere Einstreu, nimmt die Nässe jedoch nicht ganz so gut auf wie Stroh- oder Holzpellets.
- Holzpellets: nehmen Flüssigkeit und Geruch gut auf, sind jedoch sehr hart.

Die Meinungen über die richtige Einstreu sind sehr kontrovers. Da es sich bei Strohpellets um Kügelchen handelt, haben die Meerschweinfüße keinen optimalen Halt. Holzpellets sind hart und rollen gleichermaßen unter den Pfoten davon. Hanfstreu weicht schneller durch und muss öfter gewechselt werden.

Lösung: Da sich Meerschweinchen ohnehin gern in Heu und Stroh verkriechen, können Sie einfach eine Schicht aus Heu / Stroh über die Einstreu verteilen. Damit ist eine weiche und bequeme Lauf- und Schlafunterlage geschaffen, egal welche Einstreu Sie bevorzugen. Nasses Stroh ist außerdem schnell mal „im Vorbeigehen" gegen frisches ausgewechselt, ohne den kompletten Käfig reinigen zu müssen.

> Im Schnitt sollte der Käfig mindestens einmal pro Woche gereinigt werden.

Wenn Ihre Meerschweinchen nicht zu den „Unterlagenzupfern" gehören, können Sie unter die Einstreu zusätzlich Zeitungspapier legen. Wenn Sie jedoch beobachten, dass die Tiere das Papier herausziehen und daran fressen, verzichten Sie lieber darauf, da die Druckerschwärze giftig ist.

Ungeeignet sind:

- Einstreu aus Sägespänen: Dies ist zwar die billigste Variante, doch nimmt diese Einstreu weder Flüssigkeit noch Geruch zufriedenstellend auf. Zudem staubt dieses Produkt sehr stark. Die Meerschweinchen atmen den Staub bei jedem Atemzug ein, was auf Dauer Erkrankungen, nicht nur der Atemwege, verursachen kann.
- Katzenstreu: Katzenstreu klumpt. Da Meerschweinchen gern von der Einstreu naschen, klumpt diese dann in ihrem Magen. Ein qualvoller Tod für Ihr Tier!

Versteckmöglichkeiten:

Meerschweinchen sind schreckhafte Tiere. In freier Wildbahn leben sie in selbstgegrabenen Erdhöhlen und fühlen sich von daher auch bei uns in „geschützten" Bereichen am wohlsten. Deshalb gehören „Höhlen" unbedingt zur Käfigausstattung.

Handelsübliche Holzhäuser und Hütten:

Häuschen aus Plastik eigenen sich weniger, da die Meerschweinchen ihren Nagetrieb nicht ausleben können und sich unter dem Plastik schnell die Hitze staut.

Röhren / Tunnel aus Kork: erhältlich in der Aquaristikabteilung Ihrer Zoohandlung.

Ausgehöhlte Baumstämme: erhältlich in der Nagerabteilung Ihrer Zoohandlung.

Schlafsäcke / Kuschelrollen: ein vielfältiges Angebot gibt es u. a. bei Ebay.

Hängematten:

Meerschweinchen liegen gern erhöht. Wenn Sie ausreichend Heu und/oder ein Handtuch in die Hängematte legen, hat der Nager beides: Versteckmöglichkeit und den Überblick von oben.

Auch der Bereich unter der Hängematte wird gern zum Schlafen genutzt. Er kann z.B. zusätzlich mit einer Kuschelrolle oder einem Schlafsack ausstaffiert werden.

Besonders schöne Meerschweinhängematten werden bei Ebay angeboten.

Eigenbau

Sind Sie handwerklich begabt? Dann sind Ihrer Fantasie keine Grenzen gesetzt. Bitte unbedingt auf die Verwendung von ungiftigen Materialien und die Vermeidung von eventuellen Verletzungsrisiken (z.B. durch hervorstehende Nägel, Drähte, Holzsplitter o. ä.) achten!

Prinzipiell sollte man pro Tier mindestens einen Versteckplatz anbieten, so dass jedes Meerschweinchen nach Bedarf eine Rückzugsmöglichkeit hat. Eine Variante ist zum Beispiel, in eine Käfigecke ein Zweier-Flachhäuschen zu stellen und ein weiteres „Einer-Häuschen" darauf zu bauen. Wenn Sie ein Handtuch dazwischenlegen, vermeiden Sie Urinflecken auf dem Holzdach, und der Nager hat gleichzeitig eine weiche Schlafunterlage.
In der anderen Ecke könnte man z.B. eine Hängematte aufhängen. So haben zwei bis drei Meerschweinchen jederzeit die Möglichkeit, entweder zusammengekuschelt zu liegen oder sich einzeln zurückzuziehen.

Salzstein:

Beim Thema Leckstein aus Salz scheiden sich die Geister. Manche meinen, der Salzstein sei unbedingt zur Gesunderhaltung der Tiere notwendig, die anderen befürchten Nierenschäden.
Alle meine Meerschweinchen (ich hatte im Laufe der Jahre viele) haben den angebotenen Salzstein von Anfang an ignoriert. In den letzten Jahren habe ich daher keinen in den Käfig gehängt. Trotzdem blieben die Tiere gesund. Probieren Sie es einfach aus: Wenn Ihre Meerschweinchen Spaß daran haben, warum nicht? Sollten Sie jedoch ein nieren- oder blasenkrankes Tier haben oder beobachten, dass die Schweinchen überdurchschnittlich viel Wasser trinken, würde ich ihn sicherheitshalber wieder entfernen.

Diverses / Spielzeug:

Meerschweinchen spielen nicht mit Bällen, Glöckchen oder Laufrädern. Trotzdem benötigen auch sie ausreichend Beschäftigung und Bewegung. Futterbälle, die man z.B. am Käfigdeckel aufhängen und mit Salat (oder ähnlichem) füllen kann, haben sich bewährt. Des Weiteren gibt es Karottenhalter, Gemüsespieße usw.

Vorsicht: Wenn Sie einen für die menschliche Küche gedachten Bratenspieß zweckentfremden, müssen Sie unbedingt die Spitze sichern. Im Eifer des Gefechts können sonst üble Augenverletzungen entstehen. Ein Korken, in den man die Spitze tief einsticht, leistet gute Dienste. Es gibt jedoch unter den Meerschweinen wahre Meister, die zunächst den Korken entfernen, damit das Gemüse leichter abrutscht, und damit die gefährliche Spitze wieder freilegen.

Eine mit Heu, Leckerlis oder Frischfutter gefüllte Papiertüte löst bei Meerschweinchen wahre Begeisterung aus. Sie können sich mit dem Zerreißen der Tüte stundenlang beschäftigen. Auch wenn die Nager gern in Plastiktüten klettern, sollten Sie sie ihnen keinesfalls zum Spielen anbieten. Verschluckte Teile führen zu (ggf. sogar tödlichen) Verdauungsproblemen, ganz zu schweigen von der Erstickungsgefahr.

Auch ein Schuhkarton, den man mit einem Eingangsloch versieht, beschäftigt die Nager einige Zeit. Als genereller Häuschenersatz eignet er sich jedoch nicht, da er schnell vom Urin durchnässt wird und leicht umkippt (und dann keine Versteckmöglichkeit mehr bietet).

In Zoohandlungen werden Heutunnel angeboten, die von fast allen Tieren heiß begehrt sind: Eine Papprohre ist mit Heu umlegt, die Tiere können alle gleichzeitig daran nagen, beißen, reißen und balancieren, da der Tunnel wegrollt.

Ungeeignet sind alle Röhren, die einen Durchmesser von nur etwa 15 cm haben. Abstehende Stroh-/ Heuhalme können böse Augenverletzungen verursachen. Auch wenn Ihre Meerschweinchen auf den ersten Blick hindurchpassen, sollten Sie lieber die größere Variante wählen.

Bauen Sie für Ihre Meerschweinchen einige Hindernisse! Die kleinen Nager klettern und hüpfen recht gerne. Als Ansporn kann man hin und wieder eine nahrhafte Überraschung obenauf oder dahinter platzieren.

Eine gelegentliche Umgestaltung des Käfiginventars bringt Ihren Tieren gewünschte Abwechslung. Tauschen Sie zum Beispiel alle paar Wochen zwei Häuschen aus (ein Reservehäuschen empfiehlt sich ohnehin, falls mal ein Separierkäfig ausgestattet werden muss) oder hängen Sie die Hängematte von links nach rechts, es gibt da viele Möglichkeiten. Seien Sie kreativ! Die Meerschweinchen werden es Ihnen danken.

Verständigung

Meerschweinchen sind ein sehr kommunikatives Volk. Sie verständigen sich sowohl durch verschiedene Laute, als auch durch Körpersprache. Nach einer Weile werden Sie beides automatisch richtig interpretieren können, hier jedoch eine kleine Einstiegshilfe:

Lautes, energisches Quieken: Aufforderung zur Fütterung. Tiere die den Anschluss zum Rudel verloren haben, rufen so nach Ihren Artgenossen.

Mischung aus Glucksen und leisem Quieken: Wenn sich das Tier besonders wohlfühlt, tut es das mit diesen Lauten kund. Spezielle Tonfolgen „reservieren" Meerschweinchen für den Menschen, wenn sie von ihm gestreichelt und hochgenommen werden.

Fiepen / schrille Schreie: Jungtiere rufen mit diesem Ton nach der Mutter.

Brummen / Knattern / Hüftwiegen: Paarungsverhalten. Der Bock nähert sich in langsamen, wiegenden Schritten dem Weibchen und umwirbt es. Dabei gibt er eine Art Brummen von sich. Das „Knattern" wird nicht nur bei der Werbung, sondern auch bei Klärung der Rangordnung eingesetzt.

Aufplustern/ sich groß machen: Imponiergehabe des Männchens, wird sowohl bei der Werbung als auch bei Machtkämpfen zwischen Konkurrenten eingesetzt.

Aufreiten: Deckungsakt. Manchmal kann man auch bei Weibchen oder Böckchen untereinander eine Art Aufreiten beobachten. Dies hat jedoch nichts mit dem Paarungsakt zu tun. Es werden dabei die Hierarchiestrukturen im Rudel geklärt. Das ranghöhere Weibchen / Böckchen demonstriert so ihre / seine Überlegenheit.

Gurren: Beruhigungslaut. Unter anderem werden fremde Artgenossen mit diesem Laut beschnüffelt und untersucht.

Grunzen: Begrüßung von Rudelmitgliedern.

Pfeifen: Meerschweinchen stoßen bei Gefahr Warnpfiffe aus.

Starre / tränende Augen: Sowohl die Starre als auch die sogenannten milchigen Stressperlen, die sich in den Augen zeigen, sind ein Zeichen für Angst und massiven Stress. Ein Meerschwein verfällt bei Angst vor einem Feind in die Starre, damit dieser es für tot hält und in Frieden lässt.

Zähneklappern: Drohgebärde / Aggression / Missfallensbekundung.

Quietschen / Gänsemarsch: Wenn Meerschweinchen zusammen auf Tour gehen, tun sie das meistens im Gänsemarsch, wobei das Alphatier in der Regel die Gruppe anführt. Dabei geben sie quietschende, fast meckernde Töne von sich.

Urin spritzen: Ist ein Weibchen nicht an den Werbungen des Böckchens interessiert, wehrt es ihn zunächst mit Tritten ab und spritzt schließlich Urin ab, falls der Verehrer zu aufdringlich wird.

Beschnüffeln / Geruchsinn: Der Geruchsinn des Meerschweinchens ist besonders gut ausgeprägt. Die Tiere erkennen damit Artgenossen, Umgebung und Menschen. Daher beschnüffeln sie sich gern gegenseitig, auch wird die Umgebung mit der Nase untersucht.

Auf der Seite liegen: Ein Zeichen äußerster Entspannung. Die Augen können dabei offen bleiben. Tatsächlich ist jedoch eine der drei Lidschichten geschlossen. Dieses Lid ist durchsichtig und dient dem Meerschweinchen als Schutz vor Sonne und Verletzung. So ist diese Lidschicht zum Beispiel auch heruntergeklappt, wenn das Tier durch Gestrüpp läuft.

Hüpfen: Wenn Meerschweinchen mit allen Vieren gleichzeitig in die Luft springen, ist dies ein Ausdruck von purer Lebensfreude.

Woher bekomme ich Meerschweinchen?

Tierheim:
Sie tun nicht nur ein gutes Werk, wenn Sie sich Meerschweinchen aus dem Tierheim holen, es hat auch einige Vorteile:

- Die Meerschweinchen sind in der Regel gesund und parasitenfrei, da sie bereits tierärztlich untersucht und gegebenenfalls behandelt wurden.
- Böckchen sind bereits kastriert. Obwohl die Sterberate bei der Kastration heutzutage gering ist, ist natürlich, wie bei jeder OP, ein Restrisiko vorhanden. Der Tierheim-Kastrat kann sofort mit Weibchen zusammengesetzt werden. Ein frisch operiertes Männchen sollte mindestens 6 Wochen nicht zu Weibchen gelassen werden, denn es ist in der Zeit durchaus noch zeugungsfähig. Zwar nimmt die „Trefferquote" bereits nach 10 Tagen deutlich ab, doch wenn Sie sicher gehen möchten, sollten Sie die Frist besser einhalten.
- Sollte sich wider Erwarten bei Ihnen doch eine Allergie zeigen, können Sie die Tiere ins Tierheim zurückbringen.

- Falls Sie bereits Meerschweinchen haben und z.B. ein verwitwetes Tier neu verbandeln wollen, die Nager sich aber überhaupt nicht verstehen, können Sie mit dem Tierheim reden und die Vergesellschaftung mit einem anderen Partner versuchen.

Zoohandlung:

Wenn Sie die Tiere aus einer Zoohandlung holen, sollten Sie genau hinschauen. Kratzen sich die Meerschweinchen sehr häufig, laufen Augen oder Nase, gibt es kahle Stellen?

Sitzen beide Geschlechter zusammen? Möglicherweise wird Ihnen erzählt, dass das gar kein Problem sei, bis die Männchen neun Wochen alt sind. Aber Sie wären nicht die erste Person, die nach einer solchen Aussage zwei Meerschweinchen kauft und sechs nach Hause trägt.

Meerschweinböcke werden manchmal bereits mit sieben oder acht Wochen geschlechtsreif. Auch lässt sich das Alter nur schwer auf zwei bis drei Wochen genau einschätzen, das Personal weiß daher oft gar nicht genau, wie alt die jungen Kerle tatsächlich sind.

In einem seriösen Zoogeschäft werden die Meerschweinchen nach Geschlechtern getrennt und sind in einem mit Versteckmöglichkeiten ausgestatteten Gehege zusammen mit Artgenossen (und eventuell mit Kaninchen) auf sauberer Einstreu untergebracht. Grünfutter und Wasser sind sauber und es ist reichlich Heu vorhanden. Die Tiere haben glänzendes Fell, kratzen sich nicht und Augen und Nase sind klar und trocken.

Züchter:

Möchten Sie Rassemeerscheinchen mit Stammbaum? Dann sind Sie bei einem Züchter an der richtigen Adresse. Letztere finden Sie u. a. im Internet.

Privatpersonen:
Schauen Sie auf das Schwarze Brett Ihres (zukünftigen) Tierarztes. Es kommt gar nicht selten vor, dass eine Privatperson unerwarteten Zuwachs bekommen hat und die kleinen Meerschweinchen nun gern in liebevolle Hände abgeben möchte.

Eingewöhnung

Das Zauberwort heißt „Zeit". Da jedes Meerschweinchen seinen eigenen Charakter hat und das eine zum Beispiel sehr neugierig, das andere eher ängstlich ist, benötigt jedes Tier unterschiedlich lange, bis es sich eingewöhnt hat. Sie sollten das auf jeden Fall respektieren und das jeweilige Meerschweinchen nicht überfordern.

Bevor Sie die neuen Mitbewohner abholen, sollte der Käfig bereits bezugsfertig vorbereitet sein. Meerschweinchen sind außerordentlich schreckhaft und der Umzug von der alten Umgebung in das neue Zuhause bedeutet für sie Angst und Stress. Wenn Sie sie dann nach kurzer Zeit ein zweites Mal umsetzen, nämlich vom Provisorium in den fertigen Käfig, steigern Sie diesen Stress auf unnötige Weise. Sobald die Tiere in den Käfig gesetzt wurden, werden Sie vermutlich sofort in ein Häuschen oder einer Höhle verschwinden und sich „in Sicherheit" bringen.

Gönnen Sie ihnen jetzt Ruhe. Nach einer Weile (ein bis zwei Stunden) können Sie eine kleine Portion Frischfutter in den Käfig legen. So lernen die Nager, dass die menschliche Hand etwas Schönes ist. Nach wenigen Tagen werden sie Ihnen bereits entgegenlaufen, wenn Sie in den Käfig greifen.

Am ersten Tag empfiehlt es sich, die Meerschweinchen noch nicht zum Streicheln und Schmusen aus dem Käfig zu holen. Es ist alles noch zu neu und aufregend für sie. Will man ein Meerschweinchen hochheben, nähert man sich am besten von vorne und spricht es dabei an. Eine Hand wird unter den Bauch geschoben, mit der anderen unterstützen Sie dabei das Hinterteil. So fühlt sich Ihr Schweinchen sicher und geborgen. Wenn Sie von oben zufassen und es so aus dem Käfig heben, fühlt es sich für das Tier so an, als sei es in den Fängen eines Greifvogels. Dieser Instinkt ist so tief eingeprägt, dass sich das Meerschwein selbst nach Jahren nicht an diese Art des Gefangenwerdens gewöhnen wird. Der kleine Nager wird jedes Mal zu Tode erschrecken und schlimmstenfalls sogar in die Angststarre fallen.

Zusammenführung von Meerschweinchen

Sie wollen Ihr Rudel vergrößern oder einem verwitweten Tier einen neuen Kumpel schenken?
Das ist manchmal gar nicht so einfach, denn wie auch beim Menschen gibt es zwischen den Tieren Sympathien und Antipathien. Dazu kommt der angeborene Trieb, das eigene Terrain zu verteidigen.
Es gibt einen einfachen Trick, die Akzeptanz eines neuen Artgenossen zu beschleunigen: Man setzt die Tiere an einem neutralen Ort zum Kennenlernen zusammen. Bade- oder Duschwannen haben sich schon oft bewährt. Damit die Tiere beim Laufen nicht wegrutschen, sollten Sie ein Handtuch als Unterlage hineinlegen. Auch ein wenig Grünzeug hilft bei der Verbandelung. Setzen Sie die sich noch fremden Meerschweinchen möglichst gleichzeitig in die Badewanne. Beide „Parteien" haben nun eine ähnliche Ausgangsposition: neue Umgebung – unbekannte(r) Artgenosse(n).
Vermutlich wird es nun ziemlich lebhaft. Ein gegenseitiges Beschnüffeln, aufgeregtes Quieken, Brummen, vielleicht auch Zähneklapper wird fast sofort einsetzen. Die Meerschweinchen fangen an, sich zu jagen und die jeweilige Überlegenheit zu demonstrieren, indem sie sich groß machen (stelzen), die Haare aufstellen und versuchen, auf den anderen aufzuspringen.
Manchmal kommt es sogar vor, dass sich die Meerschweinchen beißen. Das ist zunächst nicht tragisch, sondern entspricht dem natürlichen Verhalten. Erst wenn Sie bemerken, dass sich das schwächste Mitglied nicht mehr wehren kann oder die Bisswunden überhand nehmen, sollten Sie eingreifen und die Tiere zunächst separieren.

Setzen Sie den Neuankömmling in einen separaten, die „alte Crew" in den gewohnten Käfig. Schieben Sie beide Käfige Gitter an Gitter zusammen, so dass sich die Meerschweinchen an den Geruch des jeweils anderen gewöhnen, jedoch nicht in direkten Kontakt miteinander kommen können. Am folgenden Tag wird eine erneute Zusammenführung mit hoher Wahrscheinlichkeit zum Erfolg führen.

In der Regel funktioniert die Vergesellschaftung jedoch wunderbar innerhalb der ersten Stunden und man kann die Meerschweinchen bereits nach einer Weile gemeinsamen Wannenaufenthalts zusammen in einen Käfig lassen.

Gelegentlich mögen sich zwei Tiere absolut nicht. Handelt es sich um zwei Weibchen, kann die Anschaffung eines Bocks die gewünschte Harmonie in das Mini-Rudel bringen. Möglicherweise muss man sich jedoch mit dem Gedanken anfreunden, sich von dem Neuling wieder zu trennen und es mit einem anderen zu versuchen.

Eine andere Möglichkeit ist es, z.B. im Tierheim nachzufragen, ob dieses bereit ist, das eigene oder die eigenen Tiere für ein paar Tage aufzunehmen, damit sich diese den neuen Kameraden selbst aussuchen können. Manche Tierheime werden dieser Bitte nachkommen, andere nicht. Das ist individuell sehr unterschiedlich, aber fragen kostet bekanntlich nichts.

Gemeinsame Mahlzeit nach erfolgreicher Zusammenführung.

Pflege

Der richtige Griff

Um ein Meerschweinchen richtig hochzuheben, schiebt man eine Hand seitlich unter den Brustkorb/Bauch während man mit der anderen den Po unterstützt. So fühlt sich das Tier sicher und man vermeidet mit diesem sicheren Griff Stürze. Bereits ein Sturz aus geringer Höhe kann zu Knochenbrüchen führen (30 – 40 Zentimeter können unter Umständen schon ausreichen). Ein Hochheben durch alleiniges „Umklammern" des Brustkorbs ist für das Meerschweinchen äußerst unangenehm.

Krallenschneiden

Alle vier bis sechs Wochen müssen die Krallen des Meerschweinchens gekürzt werden, da sich diese bei Wohnungshaltung nicht genügend abwetzen. Sobald sich die Krallen zu krümmen beginnen, sind sie schon um einiges zu lang. Die Tiere bekommen dadurch Laufschwierigkeiten.

Die Krallen können problemlos mit einer entsprechenden Krallenzange (in der Zoohandlung erhältlich) abgezwickt werden. Da die Blutgefäße bis in die Krallen hineinwachsen, muss man sorgfältig darauf achten, diese beim Schneiden nicht zu erwischen. Bei hellen Füßchen kann man den Verlauf leicht erkennen, bei dunklen Zehen ist das nicht so einfach.

> **Tipp:** Sollte das Tier sowohl helle als auch dunkle Zehen haben, fangen Sie mit den hellen Krallen an, dann haben sie bereits ein Gefühl für das richtige Maß, wenn Sie mit den dunklen Stellen beginnen.

Wenn Sie gute Augen haben, könnte es helfen die Pfote mit einer hellen Lampe (zum Beispiel einer Taschenlampe) von unten anzuleuchten. Handelsübliche Nagelknipser oder Nagelscheren sind ungeeignet, da die Krallen bei Gebrauch dieser Werkzeuge splittern.

Wer sich unsicher ist, kann sich das Krallenschneiden zunächst von einer bereits erfahrenen Person zeigen lassen oder die Krallen generell beim Tierarzt kürzen lassen.

Fellpflege

Bürsten und Kämmen ist im Grunde nur bei langhaarigen Rassen nötig, damit das Fell nicht verfilzt. Trotzdem habe ich beobachtet, dass gerade die kurzhaarigen Tiere eine Fellbearbeitung mit der Bürste sehr genießen.

Da die meisten in der Tierhandlung angebotenen Tierbürsten für das Meerschweinchen zu borstig und hart sind, verwende ich eine Babybürste.

Langhaariges Fell muss eventuell hin und wieder geschnitten werden, da sich Einstreu, Heu und Stroh darin verfangen.

Im Sommer könnte bei Meerschweinchen mit sehr dichtem Unterfell eine Schur (Kurzhaarschnitt) nötig werden, da die Tiere bei sehr hohen Temperaturen zu einem Hitzschlag neigen.

Baden

Bitte baden Sie Ihr Meerschwein nicht. Durch das Baden verlieren Haut und Fell den natürlichen Schutzfilm. Außerdem lässt sich das Fell trotz vorsichtigen Fönens (unterste Stufe wegen der Verbrennungsgefahr) nicht richtig trocknen. Dadurch steigt das Risiko einer Erkältung oder sogar Lungenentzündung.

Nur in Ausnahmefällen, z. B. bei Durchfallerkrankungen, könnte ein „Sitzbad" notwendig werden. Zunächst sollten Sie aber versuchen, eventuelle Verunreinigungen im Analbereich mit Babyöl und einem weichen Tuch zu entfernen.

Bei älteren Böcken kommt es vor, dass der Penis durch Absonderungen verkrustet. Diese müssen entfernt werden. Auch hier ist die erste Wahl eine Reinigung durch Babyöl. Notfalls können Sie versuchen, die Absonderungen unter fließendem, *lauwarmem* Wasser zu lösen. Sollte auch dies nicht zum Erfolg führen, müssen Sie das Meerschweinchen zum Aufweichen der Verkrustung einige Minuten mit dem Hinterteil in ein lauwarmes Wasserbad halten (zum Beispiel im Waschbecken) und fügen möglicherweise ein wenig Hunde- oder Katzenshampoo hinzu. Danach sollten sich die Absonderungen leicht mit Hilfe eines weichen Tuchs entfernen lassen. Entsprechend der Absonderungen bei Männchen, gibt es im Alter bei den Weibchen Absonderungen an den Zitzen. Diese werden äquivalent behandelt.

Bei Verletzungen könnte eventuell auch ein Sitzbad mit Kamillosan hilfreich sein, doch sollten Sie das vorher mit dem Tierarzt absprechen.

Wichtig ist, dass Sie das Tier nach dem Bad sorgfältig abtrocknen und es mit dem Haartrockner so gut es geht trocken fönen. Einige Tiere regen sich beim Fönen sehr auf und geraten regelrecht in Panik. Dann wäre es besser darauf zu verzichten und das Meerschweinchen lieber zum Trocknen an einen warmen Ort, z.B. vor eine Heizung, zu setzen. Zum Nachtrocknen können Sie ihm auch einen Schlafsack oder ein Frotteehandtuch im Käfig anbieten. Dies wird nach so einem Bad gerne angenommen.

Zahnpflege

Bei einem gesunden Meerschweinchen genügen zur Zahnpflege das Bereitstellen von Heu und Nagemöglichkeiten (Holzhäuschen, Äste usw.).

Bei einem Meerschweinchen mit Zahnfehlstellung ist der regelmäßige Gang zum Tierarzt notwendig, da die normalen Schleifmechanismen nicht funktionieren. Der Veterinär wird dann die Zähne manuell kürzen.

Allgemein

Das Meerschweinchen ist ein ziemlich pflegeleichter Kandidat. Trotzdem sollte ein routinemäßiges Abtasten täglich erfolgen, damit Verletzungen oder krankhafte Veränderungen der Haut oder des Gewebes schnell entdeckt werden können.

Auch ein Tumor kann auf diese Art bereits im Anfangsstadium entdeckt werden und dann durch eine sofortige OP vollständig beseitigt werden. Der schnelle Stoffwechsel dieser Gattung ist für ein rasantes Wachstum von Geschwüren verantwortlich. Sie haben daher keine Zeit, abzuwarten, ob es von alleine wieder verschwindet.

> **Tipp:** die regelmäßige Gewichtskontrolle (alle paar Wochen) hilft, ernst-haften Erkrankungen vorzubeugen. Bei jeder deutlichen Gewichtsabnahme sollte ein Termin beim Veterinär vereinbart werden.

Krankheiten

Ganz grundsätzlich gilt: Bitte warten Sie niemals ab, ob sich Krankheiten eventuell von selbst bessern. Bei Meerschweinchen kommt es oft auf Stunden an. Rufen Sie Ihren Tierarzt an und schildern Sie ihm, bzw. seinem Assistenten, die Symptome, er kann dann die Dringlichkeit des Termins abschätzen.

Sollte die Krankheit oder schwere Verletzung außerhalb der Sprechstundenzeiten auftreten, müssen Sie notfalls die nächste Tierklinik aufsuchen.

Nichtsdestotrotz sollten Sie einige Medikamente in der Meerschweinchen-Hausapotheke haben, um dem Tier bis zu seinem Termin schon einmal helfen zu können.

> Denken Sie aber daran, dass alle im Folgenden genannten Tipps nur vorläufig sind und keinesfalls den Rat eines Tiermediziners ersetzen können.

Die **Hausapotheke** sollte enthalten:

1) Ein **Nahrungsersatzmittel** für eine eventuelle Zwangsernährung (z.B. Critical Care oder Rodi Care instant). Sobald das Meerschweinchen aufhört zu fressen, müssen Sie umgehend mit der Zwangsernährung beginnen.
2) **Einwegspritzen ohne Nadeln**. Mit einem solchen Instrument können Sie dem Tier Medikamente oder Futterbrei ins Maul spritzen. Es empfiehlt sich zwei oder drei Spritzen zuhause zu haben, damit Sie die an-

deren jederzeit zur Reinigung in die Spülmaschine stecken können. In der Apotheke oder beim Tierarzt erhältlich.

3) **Antiblähungsmittel** (zum Beispiel Saab Simplex für Säuglinge, Lefax für Säuglinge oder Carminativum Hetterich). Diese Mittel helfen bei akuten Blähungen und Koliken. Geben Sie einen Tropfen in 0,2 ml lauwarmes Wasser (damit es sich besser mit der Spritze aufziehen lässt) und verabreichen Sie es dem Tier ins Mäulchen. In der Apotheke erhältlich.

4) **Schmerzmittel** (zum Beispiel Metacam). Falls ein Tier offensichtliche Schmerzen hat, Sie jedoch erst am folgenden Tag einen Termin bei Ihrem Tierarzt erhalten haben, können Sie dem Meerschweinchen über die Nacht helfen, indem Sie ihm 1-2 Tropfen Metacam oder ein vergleichbares Mittel oral verabreichen (eventuell hilft es auch hier, das Mittel in Wasser einzuträufeln). Beim Tierarzt erhältlich.

5) **Mittel zur Stabilisierung des Verdauungssystems** (zum Beispiel Bene Bac Gel). Dieses Mittel sollte unbedingt während und eine Woche nach einer Antibiotika-Therapie gegeben werden. Durch das Antibiotikum werden, genau wie beim Menschen, nicht nur die krankheitserregenden Mikroorganismen zerstört, sondern auch diejenigen, die für eine gesunde Verdauung benötigt werden. Um diese schnellstmöglich wieder herzustellen, sollten Sie dem Tier während der Behandlung eine halbe Tube Bene Bac täglich geben, nach Beendigung morgens und abends jeweils eine halbe Tube. Bene Bac ist auch in Pulverform erhältlich. Sie können es entweder direkt von Ihrem Tierarzt erhalten oder zum Beispiel im Internet bestellen. Obwohl dieses Produkt für Vögel und Reptilien hergestellt wird, ist es auch für Meerschweinchen ein wunderbares Mittel.

6) **Hautdesinfektionsmittel und Wundsalben** zur Heilungsförderung (Zum Beispiel: Zinksalbe, Bepanthen Wund- und Heilsalbe, Weleda Calendula-Salbe). Zur lokalen Behandlung von kleineren Verletzungen. Um die Wunde zu reinigen, kann man diese mit einem Kernsei-

fenbad ausspülen (bitte unbedingt Kernseife, keinesfalls parfümierte Seife verwenden).

7) Ein **Mittel zur Unterstützung der Wundheilung** (meine Empfehlung: Arnica C30). Arnica C30 ist ein homöopathisches Mittel bei Verletzungen aller Art (auch vor und nach Operationen), das die Wundheilung unterstützt. Der ganze Globulus sollte verabreicht, also nicht in Wasser aufgelöst werden, da dies die Potenz erhöhen würde und somit eine Art „Überdosierung" hervorrufen würde.

8) **Mittel zur Behandlung von Bienen- und Wespenstichen** (meine Empfehlung: Apis C30)**.** Ein weiteres homöopathisches Mittel, das die Auswirkungen von Bienen- oder Wespenstiche mildert. 1 Globulus ins Mäulchen geben. Auch Apis sollte nicht ohne Rücksprache mit einem Homöopathen in Wasser aufgelöst werden (wie Arnica).

Die Wahl des Veterinärs

Obwohl sich das Wissensspektrum über Anatomie und Behandlungsmöglichkeiten des Meerschweinchens bei vielen Tierärzten stark verbessert hat und sich auch immer mehr Veterinäre eingehend mit den Kleinen der Kleintieren beschäftigen, gibt es leider immer noch Tierärzte, die vor Operationen eine 24-stündige Nulldiät oder bei Koliken Haferflockenbrei empfehlen. Sollten Sie eine derartige Empfehlung bekommen, dann sollten Sie diese Praxis auf dem schnellsten Weg verlassen und sich einen anderen Arzt suchen.

Falls Sie sich den Namen eines verabreichten Medikaments nicht merken können, lassen Sie ihn sich aufschreiben. Falls in den nächsten Tagen Ihr Stammtierarzt aus irgendwelchen Gründen nicht erreichbar ist (zum Beispiel wenn sich die Krankheit außerhalb der Sprechstunde deutlich verschlechtert), können Sie so seiner Vertretung oder den Tierklinikärzten diese Information weitergeben, was wichtig für deren Diagnose und Therapie ist.

Nachwuchs

Schluss möchte ich noch auf das Thema Nachwuchs eingehen.

Meerschweinbabys sind einfach entzückend.

Sollten Sie eine unbeabsichtigte Trächtigkeit (z.B. nach Kauf eines neuen Weibchens) feststellen, dann verfallen Sie nicht in Panik, denn die Aufzucht ist ganz einfach und sie werden eine wunderschöne Zeit erleben.

Andererseits sollten Sie sich sehr genau überlegen, ob Sie bewusst Nachwuchs haben wollen. In der Regel ist das nur sinnvoll, wenn Sie die neuen Meerschweinchen selbst behalten und ihnen ein gutes Zuhause geben können oder genau wissen, wem Sie die Babys anvertrauen. In Tierheimen und privaten Vermittlungsstationen sitzen bereits unzählige junge Meerschweine, die dringend ein neues Zuhause benötigen. Auch dort werden Sie Jungtiere finden.

Möchten Sie unbedingt eine Kinderstube zuhause erleben, können Sie sich z.B. ein bereits schwangeres Tier aus dem Tierheim anschaffen. Damit tun Sie sicherlich ein gutes Werk. Seien Sie sich auch bewusst, dass eine Schwangerschaft immer mit einem gewissen Risiko verbunden ist und das Muttertier dabei versterben kann.

Ist der Nachwuchs eingetroffen und Sie können ihn nicht behalten, stellt sich also die Frage: wohin mit den Kleinen? Zwar nehmen Zoogeschäfte in der Regel Meerschweinbabys gern zum Weiterverkauf an, doch wollen Sie das wirklich? Sie wissen nicht, wer die Babys erwirbt. Reptilienbesitzer geben beim Kauf von Kleintieren nicht unbedingt an, dass sie Lebendfutter für ihren geschuppten Liebling benötigen.

Auch manche Zoos nehmen bereitwillig Jungtiere an.

Machen Sie sich aber bewusst, dass Tiere wie z.B. Meerschweinchen, Hasen und Ziegen in einigen Zoos nicht primär zur Bevölkerung des Streichelzoos gehalten werden. Diese Tiere vermehren sich schnell, bzw. einfach und bedeuten für den Zoo günstiges Fleischfutter für Raubtiere.

Das Tierheim nimmt sicher auch Meerschweinjungtiere auf, doch sollte diese Einrichtung wirklich nur für Notfälle genutzt werden und nicht als „Abfalleimer" angesehen werden.

Sollten Sie trotzdem unbedingt Nachwuchs haben wollen, müssen einige Punkte beachtet werden:

- Obwohl sowohl die Böcke als auch die Weibchen bereits mit wenigen Wochen geschlechtsreif werden, sollten die Männchen frühestens ab einem Alter von ca. drei bis vier Monaten decken. Das Weibchen sollte mindestens sechs Monate alt sein, bevor es zum ersten Mal Junge austrägt.

- Hat das weibliche Tier bis zu einem Alter von einem Jahr niemals Junge gehabt, sollte es nicht mehr gedeckt werden, da das Becken durch Kalkablagerungen versteift und sich dadurch bei der Geburt nicht mehr genügend dehnen kann. Dies führt mit hoher Wahrscheinlichkeit zum Tod der Jungen und des Muttertiers. Verknöcherungen des Beckens treten auch bei zu langen Pausen zwischen den Schwangerschaften auf.

- Obwohl das Weibchen bereits direkt nach der Geburt wieder aufnahmefähig ist, ist es der Gesundheit des Meerschweinchens nicht zuträglich, wenn es sofort wieder trächtig wird. Separieren Sie daher den Bock kurz vor der

Geburt, wenn Sie ihn nicht ohnehin während der Tragezeit des Weibchens haben kastrieren lassen.
- Züchten Sie bitte ausnahmslos mit gesunden Tieren. Kränkelnde Tiere, dicke oder zu dünne Meerschweindamen oder auch Elterntiere mit körperlichen Missbildungen (zu denen auch Zahnfehlstellungen gehören), eignen sich nicht.
- Hatte Ihr Weibchen bereits Schwierigkeiten bei einer Trächtigkeit, sollten Sie es keiner weiteren aussetzen.

Die Tragezeit beträgt in etwa 68 Tage. Normalerweise muss die Mutter während der Geburt nicht vom Rudel isoliert werden, sofern sich die Tiere untereinander bis dahin gut verstanden haben. Das Meerschweinchen gebiert häufig in den frühen Morgenstunden im Sitzen. Eine Hilfe durch den Menschen ist in der Regel nicht nötig. Das Weibchen fühlt sich durch menschliche Anwesenheit eher gestört.

> **Achtung!** Sollten Sie bemerken, dass Ihr Tier auf der Seite liegt, deutet dies auf Komplikationen hin. Fahren Sie in diesem Fall umgehend zum Tierarzt.

Durchschnittlich wirft das Muttertier ein bis sechs Babys, die als Nestflüchter bereits vollständig entwickelt auf die Welt kommen. In den ersten drei Wochen werden die Kleinen von der Mutter gesäugt, ab der vierten oder fünften Woche fängt langsam die Entwöhnung an. Die Babys fressen bereits ab dem ersten Tag von der Erwachsenenkost mit. Daher ist die Überlebenschance selbst beim Tod der Mutter während der ersten drei Lebenswochen sehr hoch.

Der beste Ersatz für Muttermilch ist selbstverständlich „Ammenmilch". Normalerweise ist es kein Problem, einem säugenden Weibchen weitere Babys unterzuschieben, da es zum natürlichen Verhalten der Meerschweinchen gehört. Sicher helfen Ihnen in diesem Fall Tierheime gerne weiter.

Sollten Sie keine Amme finden, bleibt die Handaufzucht. Muttermilchersatz ist in diesem Fall hochwertige Katzenaufzuchtsmilch, das als Pulver mehrfach täglich frisch in lauwarmem Wasser angerührt wird. Sie erhalten dieses bei Ihrem Tierarzt oder, falls Sie in der Praxis niemanden erreichen können, notfalls auch im Tierheim. Sie werden dort über Dosierung und Handhabung informiert.

Bieten Sie den Babys eine reichhaltige Auswahl an verschiedenen Frischfuttersorten und Heu an. So bekommen sie alle Nährstoffe, die sie benötigen. Verzichten Sie auf Schmelzflocken, Grießbrei, Obstgläschen oder andere menschliche Babynahrung. Als einzige Ausnahme könnte man Karottengläschen für Säuglinge anbieten. Bitte achten Sie darauf, dass ausschließlich Karotten (keine Kartoffeln oder Fleischzugaben) enthalten sind.

Die Fütterungen müssen in den ersten drei Wochen nach der Geburt alle zwei bis drei Stunden erfolgen (auch nachts). Ab der vierten. Woche können Sie langsam mit der Entwöhnung anfangen. Nach jeder Mahlzeit wird der Bauch in Richtung des Analbereichs massiert, um das Absetzen von Kot anzuregen. Natürlicherweise übernimmt dies die Mutter, indem sie ihre Jungen ableckt.

Babys haben einen erhöhten Wärmebedarf. Im Idealfall übernehmen die erwachsenen Tiere des Rudels bei Verlust der Mutter diese Aufgabe. Auch Böckchen kümmern sich in der Regel rührend um verwaisten Nachwuchs. Zusätzlich können Sie den Kleinen eine warme (bitte niemals heiße!) Wärmflasche oder ein gewärmtes Dinkelkissen (oder dergleichen) in einer Ecke des Käfigs sowie üppige Heu- bzw. Stroheinlagen zum Verkriechen anbieten. Auch Meerschwein-Schlafsäcke stehen hoch im Kurs. Dort können die Geschwister zusammengekuschelt schlafen und sich gegenseitig wärmen.

In den ersten 8 Wochen sollte man zusätzlich zur Trinkflasche eine flache Schale mit Wasser anbieten. Vollgefüllte Standardnäpfe eignen sich nicht, da die Babys in diese hineinklettern. Trinkflaschen können von den Kleinen noch nicht erreicht werden.

Die Jungtiere sollten frühestens ab einem Lebensalter von 8 Wochen weggegeben, also von der Mutter getrennt werden.

> **Tipp:** Sichern Sie alle Löcher mit Decken, Brettern und ähnlichem ab, da die heranwachsenden Jungtiere extrem neugierig sind und die Welt um sich herum furchtlos untersuchen. So laufen Sie einfach hinter Einbauschränke, Wasch- oder Spülmaschinen usw. und wissen dann nicht, wie sie von selbst wieder herauskommen.

Kastration

Das Geschlecht der Jungtiere ist in den ersten Lebenswochen nicht immer eindeutig zu erkennen. Sollten Sie sich nicht hundertprozentig sicher sein, empfiehlt es sich in spätestens in der achten Woche, das Geschlecht beim Veterinär bestimmen zu lassen, denn ab der neunten Woche ist eine Trennung der nun potenten Böcke von den Weibchen dringend anzuraten. Kastrieren lassen sollten Sie die jungen Kerle jedoch frühestens ab einem Alter von drei Monaten. Medizinisch „machbar" ist eine Kastration auch vor Eintreten der Geschlechtsreife, jedoch wird sich der Bock danach nicht so entwickeln, wie dies ein „unbeschnittenes" Männchen im Normalfall tut. Es kann dann vorkommen, dass er kein Interesse mehr hat seine Weibchen zu „begatten".

> **Achtung!** Nach der Operation sollten Sie das Böckchen noch etwa sechs Wochen von den Weibchen fernhalten, da die Männchen in dieser Zeit noch zeugungsfähig sind.

Die frisch operierten Tiere setzen Sie am besten einige Tage auf eine weiche Unterlage (Handtücher oder Küchenpapier), da Stroh und Heu die Wunde irritieren können. Außerdem können Sie den Schlafplatz durch häufiges Wechseln der Unterlage sauber und trocken (also keimarm) halten.

Wie bereits an früherer Stelle erwähnt, empfiehlt sich eine Kastration der männlichen Meerschweinchen, auch wenn eine reine Bock-Herde angedacht ist, da man niemals genau weiß, wie sich die Lebensumstände entwickeln werden und ob man die Tiere nicht doch eines Tages in einer anderen Konstellation, z.B. mit Weibchen, unterbringen muss. Ist der betroffene Bock dann bereits ein älteres Tier, wird er die Operation nicht mehr so gut überstehen, wie er es als Jungbock noch kann.

Nachwort

Dieser kleine Ratgeber ist für Meerschweinliebhaber gedacht, die grobe Fehler bei der Haltung vermeiden möchten, und erhebt keinen Anspruch auf Vollständigkeit. Das Bewusstsein für diese Gattung hat sich in den letzten Jahren glücklicherweise stark verbessert, nicht zuletzt durch engagierte und interessierte Halter, die das Wissen um diese Tiere weitergetragen haben (auch die Verbreitung im Familien- und Freundeskreis ist wichtig).

Helfen auch Sie mit, dass es immer mehr Meerschweinchen ermöglicht wird, ein artgerechtes Leben zu führen! Vielen Dank!

Abschließend wünsche ich Ihnen viel Freude und Spaß mit Ihren quiekenden Mitbewohnern.

Anmerkung der Autorin

Die Angaben in diesem Buch erfolgen nach bestem Wissen und Gewissen.

Die Autorin übernimmt keinerlei Haftung für Personen-, Sach - oder Vermögensschäden, die aus der Anwendung der vorgestellten Methoden und Materialien entstehen können.